田宮二郎の真相

石田伸也
Shinya Ishida

青志社

田宮二郎の真相

田宮二郎の真相　目次

第一章　未亡人の告白

第二章　不穏の始まり

第五章 M資金と愛人

第六章 1978・12・28

第七章　再生

装丁——岩瀬聡

第一章
未亡人の告白

女優藤由紀子の戦い

「夫婦でありながら田宮は、いつも私がどこにいるかと居場所を突き止めるようになりました。そしてある日。私は胸ぐらをつかまれ、階段から突き飛ばされそうになった時に、このままでは殺されてしまうと思いました。脱兎のごとく家から逃げ出しましたが、一番、心から大事にしているはずの私にそういうことをする……。それはもう、狂気の沙汰でした」

昭和五十三年（1978）の夏、俳優・田宮二郎は、二枚目のスターらしからぬ精神状態にあった。当時はまだ一般的な用語ではなかった「躁うつ病」という名の悪魔が、田宮の心身を蝕《むしば》む。

そして田宮は同年十二月二十八日、生涯の代表作と自負した「白い巨塔」（フジテレビ）の全三十一話を撮り終え、二話の放映を残しながら自宅で猟銃自殺する。四十三歳だった。

師走の街に走った衝撃は、日本中を揺るがす騒動となった。この年だけでなく、日本の芸能史上、類のないショッキングなニュースとなったのだ。

そんな田宮の妻である幸子夫人は、美貌の人気女優だった「藤由紀子」の名を捨てて田宮と結婚し、一切、表舞台に出ることなく夫を支えた。それは同時に、次々と降りかかる火の粉との戦いでもあった――。

田宮の死から長い年月が流れている。田宮の死去直後に遺族を代表して、また田宮の個人事務所である「田宮企画」を代表して、会見に臨んだことはあった。その場で、田宮の遺書の存在も明らかにした。

だが、その日を最後に、再びマスコミの前に姿を見せることはなかった。

筆者は、田宮の没後三十年であった平成二十年（２００８）に「週刊アサヒ芸能」誌上で「田宮二郎の銃弾」という長期連載に取り組んだ。あれほどのスター俳優が、なぜ、壮絶な道を選ばなければならなかったのか……。

その謎を長男・柴田光太郎を筆頭に、遺作のプロデューサーである元フジテレビの小林俊一、共演者の山本學や島田陽子、長らくの盟友である芸能レポーター・鬼沢慶一らの貴重な証言を得て、週を追うごとに少しずつ解明することができた。

それでも、すべての鍵を握るのは、公私ともに支えてきた夫人である。長い期間をかけ、田宮の人物像を描くための「最後のピース」を埋めさせてほしいと依頼を続けた。

「誤解されている田宮二郎という役者の功績を残してくれるのなら……」

そう言って了承し、静かに、しかし、あふれるほどの激情をにじませて貴重な事実を語り出すという決意をした。そして――、平成二十七年（２０１５）十二月十九日のことである。

長男の光太郎とともに現れた幸子夫人は、田宮二郎との結婚を機に芸能界を去って半世紀が経つが、その美貌は驚くばかりである。二十五年に発症した脳梗塞の影響で歩行に障害は残るが、聡明な瞳に衰えはなく、語り口調も元女優らしく力強い。

ただし、夫人の三十七年に及ぶ「沈黙」には相応の理由がある。スター俳優の猟銃自殺という衝撃性は、二人の幼い子を抱えた夫人にとって、好奇の目にさらされる日々でもあった。

死の直後に一度だけ会見を開いて遺書の存在も明らかにしたが、以降は一切の発言を控えた。

開口一番、夫人はその理由を明かした。

「田宮の晩年が私にとってあまりにも過酷な日々であり、それからは『田宮の妻』ということも含めて、すべてを封印することにしたんです。私が早くに引退したこともあって、その後の生活でも仕事でも、田宮の妻だと知られることなく過ごすことができました」

すべての封印――は、この日においても、解かれる保証はなかった。何十年も口を閉ざしてきたものは、やはり、守り通すべきなのではないか……。

夫人の揺れ動く気持ちと、緊迫した背中は、ふとした瞬間に「宥和《ゆうわ》」へと変わった。それは、対面してから小一時間ほど経った頃だろうか。

夫人から明確に「取材の了解」はなかったものの、宥和の空気にノートを広げ、メモを走らせる。夫人の目がさらに輝き、饒舌な言葉が続く。

こうして三十七年もの沈黙が破られた瞬間は、核心を突くところから始まった……。

「田宮の生涯にとって大きな損失となったのは、昭和四十三年に大映を追われ、五社協定によって映画に出られなくなったこと。そして十年後の昭和五十三年、遺作となった『白い巨塔』の出演を引き受けてしまったことだと思います」

二人は昭和三十八年に「黒の駐車場」（大映）で初共演し、以降も「黒シリーズ」で何度も顔を合わせたことから、ほどなく交際が始まる。

年齢は田宮が七つ上、役者としてのキャリアも四年の差があるが、意外にも「格上」は藤由紀子のほうであった。

「田宮と初めて会った頃、お互いのギャラを打ち明けて、どちらも驚いたんです。私が一本二十五万円、だけど田宮は一本十万円だったんです。大映の若手スターだった宇津井健さんや川崎敬三さん、本郷功次郎さんと私が同じ金額。田宮だけが主演作が多くありながらも十万円」

この時期、田宮は「悪名」や「黒」のシリーズが当たっており、まぎれもなく大映の看板スターだった。それなのに松竹から移籍して間もない藤由紀子のほうがはるかに高い。

「田宮はもともと、大映の大部屋の出身です。どれだけ映画が当たっても、まだ〝格〟として認められなかったんでしょう。それでも田宮は、一本十万円にも不満を持たず働きました。百万円を稼ぐためには十本の主演が必要になります。一本百万円をもらえば十本で一千万円になるが、田宮は大映という会社を死守するためにも、男気として黙々と働いた。ああ見えて田宮は、ひたむきな人間です。その忠誠心が、最終的には正しく評価されなかった」

すべての鍵は〝永田ラッパ〟と呼ばれた大映のワンマン社長・永田雅一が握っていた。

ドル箱スター

田宮にとって永田は、そして永田が率いた大映は、すべてを捧げる対象であったという。そのため、年下の新人女優が自分よりギャラが高くても、不満をぐっとこらえた。

まだ二十代の前半でありながら、家を建てたのも夫人のほうが先だった。

「今思えば、私が母と住んでいる調布の家に田宮が越してきた頃こそ、もっとも笑いが絶えない日々でした。私は田宮が連れてくるお客さん十人分、十五人分のメニューを用意する毎日。

メインの料理だけでなく、田宮が好きだった麻雀が始まれば、そこでうどんやお寿司を用意するのも私の役目でした」

やがて田宮は、その家よりも大きな邸宅を自身の収入によって構える。

この城に敬慕する永田が夫妻で訪ねてきた時のことだ。田宮は色紙を用意し、永田に一筆したためてほしいとお願いした。永田は、そこに「忍」の一文字を書き込んだ。

それは、田宮ほどのスターでありながら、要所要所で忍耐を強いたことへの詫びとも、あるいは、さらに事態が複雑化することへの予言とも取れた。

実際、大映という会社の業績も含め、事態は好転しなかった。'50年代にはカンヌやヴェネツィアで「羅生門」（昭和二十五年、監督・黒澤明）や「雨月物語」（昭和二十八年、監督・溝口健二）、さらに「地獄門」（昭和二十八年、監督・衣笠貞之助）に「山椒大夫」（昭和二十九年、監督・溝口健二）など、数々のグランプリに輝いたのが大映作品だった。シンボルマークである「映画は大映」の言葉に偽りはなかった。

だが、昭和三十九年頃には直営館も少なくなり、中堅の映画会社に縮小されていた。

「そのためでしょうか、嫉妬がからんで、田宮を引きずりおろすような人も出てきました。それは役者にもスタッフの側にもいたと思います」

たとえば「悪名」でも、シリーズの後半になると田宮のセリフが激減する。主演は勝新太郎だが、むしろ、弟分の清次役で見せた軽妙な田宮の演技こそがヒットの要因とされた。

「ヒットした『悪名』も『犬』シリーズも、僭越ながら、田宮のおもしろさによって成り立っていたと思います。たとえば『犬』では田宮のガンさばきが評価されましたが、家ではずっとモデルガンを使って練習しているんです。人前でそうした姿を見せないけど、永田さんのために努力を惜しまなかったんです」

そんな忠誠心は、昭和四十三年に公開された「不信のとき」で打ち砕かれる。本来の主演は田宮であったが、いざポスターが刷り上がると、メインには若尾文子が置かれ、田宮は四番手の扱いになっている。

これまで「忍」の精神だった田宮も耐えきれず、永田のもとへ抗議に出向く。夫人もこの場に同行したが、永田の様子もまた尋常ではなかった。

「タバコを持つ手がグラグラと揺れていました。永田さんには『我慢してくれ』と言われましたが、結局、このことで大映を追われる形になってしまいました」

映画のタイトルではないが、夫人は「不信につぐ不信」がもたらしたものだと言った。愛する永田と大映による「裏切り」であると思った。

「この少し前に『これからは田宮を世界で売り出す』という〝永田ラッパ〟が吹いた矢先だったんです。それほど評価してくれながら、世界どころか、ポスターの序列さえも守られなかった。大映の撮影所長にポスター変更の件への不満を伝え、問い質しても、その説明はなかった。そして『不満なら辞めろ！』と相手にされなかった」

この一件がこじれ、いったんは田宮に同調した永田も、鶴の一声で解雇を言い渡す。激高した永田は、自身が提案した「五社協定」を持ち出し、他社の映画やドラマにも田宮を使うなと通達する。

今はもう存在すら忘れかけられている「五社協定」とは、映画が娯楽産業の花形だった昭和二十八年九月十日に成立された大手映画会社（松竹、東宝、大映、新東宝、東映）による「専属監督・俳優の引き抜き防止協定」である。

表向きは、日本映画界の最古参である日活が戦後に映画活動を再開したため、他社からの引き抜きを防ぐという協定であった。旗振り役はもちろん、大映の永田雅一である。だが、皮肉なことに日活は協定を逆手に取り、石原裕次郎や小林旭、吉永小百合ら自前の若手スターを数多く輩出し、興行的にも映画界の風雲児となる。

逆に大映こそ山本富士子や丸井太郎を失い、さらには田宮を永田との衝突により失うことになる。五社協定によってではないが、大映にとって最後の頼みの綱であった市川雷蔵もまた、三十七歳でがんによって早世した。

大映自体の命運もここに尽きることになった。

さて、先のことはともかく、ここで苦境に立たされた田宮だったが、夫人は今なおその日の無念を忘れない。

「ドル箱スターとなりながら、いわれなき誹謗中傷に苦しみ、悩んでいました。自分にないものを持つ者、目立つ者、輝いている者への嫉妬が常につきまとった。要するにいじめです。田宮が自分を守るためには、そこを離れるしかなかったかもしれません」

ただ——、大映入社から十三年、俳優デビューから十一年で訪れた「別れの日」は、痛恨の極みであったと夫人は声を大にする。

「マスコミの論調が『五社協定なんて人権問題ではないか？』に変わってきたのは、味方を得たようで精神的には救われました。ただ、誰にも見送られず、ひとり大映の門を後にした寂しさは、本人にしかわからないものだろうと察します」

映画界から締め出された田宮は、決してうまくない歌を歌い、全国のキャバレー回りをして家族を守ろうとした。テレビでは役者ではなく司会者として「クイズタイムショック」（NET→テレビ朝日）や「田宮二郎ショー」（東京12チャンネル）に出演する。長男が三歳、次男が二歳とあって、田宮はなりふり構わず仕事をした。

しかし、夫人はそうではなかったと重ねて言う。

「田宮が目標としているクラーク・ゲーブルに向かいたいのであれば、田宮にもジタバタしてほしくなかった」

幼少期に両親を亡くした田宮は、「貧乏」ということに異様に敏感だったという。それでも夫人には考えがあった。料理の腕前には自信があるので、どんな安い食材でもおいしく作ることができる。

さらに「五社協定」による締め出しも長くは続かないだろうという読みもあった。

実際、大映が昭和四十六年に倒産することを待たずして、「日本暗殺秘録」（昭和四十四年、東映）で田宮は映画界にも復帰をはたしている。夫人は続ける。

「お金のことは気にせず、あなたは自分の人生を守ってほしいと言ったんです。それでも田宮は、純粋な人ですからすべて一人で背負い込んでしまう。後に躁うつ病と診断されて死に至るのですが、その兆候は大映を追われた頃からあったと思います」

夫の生い立ち

いや、むしろ出生の段階から孤独感の兆候はあったのではないか――。実は田宮の幼少時については、驚くほど資料が少ない。まことしやかに「京都の大富豪の家に生まれた」という話こそあるものの、両親の存在や、十代をどう生きたかという部分については明かされていない。

夫人は、生前に田宮から聞かされた話として、そのすべてを初めて明かす。

「田宮の祖父は、吉田茂の側近であった白洲次郎さんと並ぶ実力者だったそうです。戦時中は、国を守るためにすべての資産を政府に渡したと言っていました」

田宮が晩年に復活させようとした「柴田報国会」の看板がそれであろうか。その真偽はともかく、田宮の人生はここから激変したという。

「田宮の悲劇は、生まれたと同時に父親を失ったことでした。田宮の誕生の知らせを聞いた父親は大喜びで病院に向かい、その途中に事故で亡くなった――。さらに母親はもともと病弱で、生まれたばかりの田宮をその手に抱くことも、膝の上に座らせることもなく病の床についていた。やがて田宮が物心ついて、母親と同じ屋根の下にいながらも、その状態は続きました。母親は結核だったので、廊下の奥の部屋に閉ざされたままです。田宮は日に一、二回、障子越しに『お母さん』と呼び、『元気にしている？　いい子だから待っててね』という声を聞いては、すぐその場から引き離された。そして田宮が十歳になる前に母親は亡くなりました」

昭和十年生まれの田宮は、母の死と同じ頃に終戦を迎える。両親を失った田宮は、優しくも厳格な祖父母によって育てられることになった。祖父母の教育方針は嘘をつかない、信用を大切にする、目上の人に反抗しない、努力を惜しまないであったという。その厳格な教育が田宮の土壌になったのだろうと夫人は言う。

◉昭和40年（1965年5月31日）に「黒の爆走」「黒の超特急」などで共演した女優 藤由紀子と結婚。芸能界きっての「おしどり夫婦」と呼ばれた。

やがて祖父母も亡くなり、伯父伯母に引き取られ、少年ながらに気苦労を感じるようになる。田宮の生家は京都の大企業に貸すことになった。その賃貸料が生計となったが、伯父伯母によって生活の経費は引かれる。

夫人は田宮と婚約した直後、一度だけ実家を訪ね、伯父伯母にも会った。

「そこには、無償の愛はないと私の目には映りました。愛に薄い人生を送ってきたのだなと思いました。田宮の中には、いつも『孤独』がある。孤独な生活の中で、孤独な姿や顔を隠す習慣を幼少期から身につけてきた——。そのため、実は傷つきやすく、他者の評判を常に気にするという人格形成ができあがっていったんです」

田宮は思春期である十五歳から十六歳にかけ、母親と同じく「結核」を患い、高校を一年間休学することになる。その後は回復し、学習院大学に進学して、空手初段の免許も取る。

だが、映画が国民の最大の娯楽であった昭和三十年代、俳優となった田宮には、それが肺炎として再発するほどの過酷な撮影日程が待ち受けていた。今なら錠剤の抗生物質を処方されるところだが、当時は太い注射針の「ペニシリン」が治療のすべてであった。その時代を知る世代ならば、どれだけ痛みを伴ったか記憶の片隅にあるだろう。

驚くべきことに田宮は、その注射を幸子夫人に委ねたのである。注射器の中にはすでに、ペニシリンが充満していた。

「医者とスケジュールが合わない。医者から安全な場所を聞いたから、ためらわずに打ってほしい」

田宮はそう言うものの、夫人はためらうばかりである。すると田宮は気色ばみ、「打たないと大変なことになる！」と夫人に再度、注射を命じる。

意を決した夫人は尻のあたりに注射針を刺す。幸いにもうまく打つことができた。だが翌日も田宮は、夫人に注射器を渡す。注射器だけでなく、針そのものが太くて長いことに怖くなった夫人は、頑なに二度目の注射を拒んだ。

そもそも、容易にペニシリンを持ち出せるものではない。夫人はここで初めて、このようなことが何度もあったと気づく。永田雅一のかかりつけの医者が都合をつけたものだと知る。

「撮影を中止すれば大変なことになるという忠誠心がすべてでした。ここまで過酷な労働を強いられながら、それでも、休むという選択肢は田宮の中にはなかったのです」

前述のように、田宮の滅私奉公は報われず、永田によって大映を石もて追われる。

田宮は昭和四十六年に「田宮企画」を設立し、その代表取締役には幸子夫人が就任している。いわばお目付け役でもあったのだが、テレビに活躍の場を移した田宮とは、ことごとく意見が食い違ってゆく。

クイズ番組、ＣＭと活躍している田宮だったが、昭和四十七年には「知らない同志」（ＴＢ

S）でドラマ初主演。この作品こそ夫人も納得する出来だったが、昭和四十八年の「白い影」（TBS）に始まった〈白いシリーズ〉は、世間の評価とは逆に、厳しい目で見ていた。

「田宮主演ということで企画が立ち上げられ、そこからテレビ局への売り込みという形になります。ただし、その時点では全二十六話の脚本はできていないんです。私から見たら『お金に転んだような仕事』としか思えない。シリーズが終わるたびに、もう、これっきりにしてほしいと言いました。それでも田宮は、また同じことを繰り返すんです」

最高視聴率二六・九％を記録した「白い滑走路」（昭和四十九年）など、TBSにおける田宮の主演ドラマは九作も続いた。それでも、夫人が指摘したように自転車操業の作り方が視聴者にも見透かされたのか、最後の何作かは視聴率も低迷している。そして田宮が、日一日とすり減っていくのが夫人にはわかった。

田宮が大映を追われた時、夫人はまだ二十五歳だった。懸命に夫を支えてはいたが、それでも田宮のストレスを受け止めきれなかったのではないかと思うことがある。

余談だが、ひとつの後日談がある。田宮がテレビでスター街道を突っ走っていた頃、あの「悪名」を復活させようという動きがあった、田宮にも当然「清次」の役でオファーが来たのだが、夫人には〝しこり〟が残った。

「勝さん本人からの電話であってほしかったが、電話は『勝プロ』からでした。勝さんと田宮の間には少なからず溝があり、それを埋めるためには勝さんとよく話し合うしかありませんでした。それがあれば『悪名』の新たな展開もあったと思いますが、どうやらそうではない。そういうことでしたので、スケジュールを理由にお断りしました」

ただ、と夫人は思う。あそこで「わだかまり」が消えていれば、あるいは、役者の人生がまた違うものになったのだろうかと——。

精神科医斎藤茂太

映画界を追われた田宮は、俳優ではなく司会者としてテレビに活路を求めた。田宮のスタイリッシュな持ち味を生かした「クイズタイムショック」(昭和四十四〜五十三年、NET・テレビ朝日)は人気番組となり、幸先のいいスタートを切った。

さらに俳優としてもTBSと専属契約を結び、昭和四十八年の「白い影」を皮切りに〈白いシリーズ〉がスタートした。山口百恵や、田宮と同じく大映育ちの宇津井健が出演した〈赤いシリーズ〉と対をなして人気を博したが、夫人には不満が残った。

「一作目が当たったものだから、それにあやかって何でもタイトルに『白』をつけただけ。撮影が始まってからストーリーを作るようなご都合主義で、内容はどれも似通った筋書きのメロドラマ。必然性に欠ける内容でした」

幸子夫人は昭和四十六年に「田宮企画」の代表に就任している。妻として田宮を支えながら、どこか冷静な分析をしていた。やがて、夫人が危惧したように、田宮はドラマにおいても孤立感を深めていく——。

「断りきれずに次のシリーズを引き受け、それで二ケタの視聴率は取ってしまう。だから、現場で揉め事にならないわけがないんです。最善をつくそうとする田宮は、ストーリー作りにも知恵を絞り、脚本家や演出家の範疇に入っていった。そうなるとカメラマンも含めて、いらぬ恨みを買うことになってしまいます」

お互いがコリゴリと思っていながら、また新たなシリーズが発表される。責任感の強い田宮の姿勢は、後に「みじめな姿」に追い込まれてしまったと幸子夫人は思った。

それを象徴したのが、毎年恒例の「田宮企画」の忘年会を兼ねたクリスマスパーティーである。田宮の自宅で十年続いたパーティーは、最初は五十人ほどだった客が田宮の活躍とともに百人、百五十人と増え、最後は二百人でにぎわった。

夫人は、パーティーも今年で最後にしようと思った。できれば、南国ハワイの青空の下でゆっくり休養させたかったが、それはかなわなかった。それだけではなく、この場でも異変はあった。

「田宮はその時も考えられない行動を取りました。開始時間の夜六時三十分には大勢の人が集まっていましたが、肝心の田宮が一時間経っても現れない。私が料理を勧めても、ほとんどの人が飲まず食わずのまま田宮を待ちました。そして二時間後、ようやく現れた田宮には、大勢の人を待たせているという意識がまったくなかった。理由を聞くと、その前の場所でさ径いなことにこだわり、そこから離れられなかったというのですが、私はこの時点で『早く休ませなければ』と決めました。不安は、焦りに変わったのです」

それでも宴は、ピアノやギターの演奏と共に深夜までにぎやかに続いた。まるで、田宮の生前葬のようなにぎわいであったと、幸子夫人は後になってそう思う。

そして田宮の死から一年前の昭和五十二年、幸子夫人は田宮企画の代表として、ひとつの決断をする。社員を集めて、こう言ったのだ。

「間もなく田宮企画は一年間、もしかしたら二年か三年、閉めることになります。退職金は倍で出しますし、給料も今までどおり払います。ただ、声をかけたらすぐに戻って来てほしい」

その方針に至るまで、いくつもの〝伏線〟があった。まず、田宮に最も近いマネージャーが顔面マヒになったこと。田宮があらゆる現場で異常な言動を重ね、スタッフと衝突することでノイローゼになったのだという。

そして夫人が間近で見る田宮も、かつての姿ではなかった。

「田宮は、外見は派手でも中身はごく普通の人。まじめで几帳面ではあったが、相手に同じことを求めない。その思いやりは、一緒に暮らしていて疲れるということがなく、楽でした」

それが死の数年前から一変した。これまで一度も家庭内のトラブルはなかったが、田宮自身の手料理をめぐるささいな出来事で激高し、夫人のイスを蹴りあげた。幼い二人の兄弟も驚いていたが、誰よりも狼狽したのは田宮自身だったという。

さらに、古い友人を招いての夕食ではこんなこともあった。

「突然、田宮がテーブルに突っ伏したんです。泣きながら私たちに『うらやましい、僕はそんなに笑えない……』と。さらに『料理の味がわからない』と言い出して、二階で休ませるのが精一杯でした」

それは「うつ病」の始まりであった。夫人が旧知の作家で精神科医・斎藤茂太に相談すると、まだ一般的な用語ではなかった「躁うつ病」と判断された。

「斎藤先生がおっしゃったのは『時すでに遅し』でした。いや、もはや末期をうかがわせる説明でした。診断名の『躁うつ病』の躁状態は、別名を『労費病』と呼ぶそうです。経済面だけでなく、女性問題においても、広範囲に活発な行動力を示す。相手を好きかどうかに関係なく、頼まれれば家でも車でも新築マンションの一棟ごとでも買い与えてしまうことがある。それが躁状態に特有の症状だということでした。そして斎藤先生は、私に『奥さんは決して本人の人格を非難してはなりません。それよりも、薬を服用させることができればいいのだが』とおっしゃいました」

幸子夫人はその時になって、あらためて悔いた。来るべき時が来たと思った。実際、斎藤医師が説明した通りのことが次々と起きた。味方が敵に見え、敵が味方に見えてしまうという「判断力の低下」という状態であった。

「家族の思いはひとつで、もっと自分を大事にしてほしかったということ。そのため、この仕事が終わったら必ず休むという約束を取り付けたけど、いつも田宮に反故《ほご》にされてしまったんです。過密スケジュール、過重労働は精神病を宿し、発症した時には、すでに遅かったんです」

精神だけではない。田宮の肉体も薄っぺらいものになっていたと夫人は言う。

その言葉を聞いて、筆者は驚いた。遺作となった「白い巨塔」（昭和五十三〜五十四年、フジテレビ）には、愛人・花森ケイ子（太地喜和子）とのラブシーンが何度となく挿入されている。そこで見せた田宮の胸板は、衰えを感じさせないたくましさだったが――、

「胸の筋肉はちょっとしたトレーニングで作れますが、腰から下の張りがまったくないんです。お尻が小さくなって、ズボンがブカブカに見える形」

これでは新作など作らせるわけにはいかない。夫人はメインスポンサーである「大関酒造」

と「トヨタ自動車」、そのCMを担当する「電通」、そして「クイズタイムショック」を降板する了承を取りつけ、長期休暇への準備を万端に進めた。TBSとの専属契約も解消し、死角はないはずだった……。

ところが夫人に、フジテレビから田宮と専属契約を結びたいという申し出があった。

「今の田宮の体を見れば一目でわかると思います。まるで別人でしょ？　ウチは休ませたいんですよ」

幸子夫人は、田宮が「スター千一夜」の司会を担当した頃から世話になったプロデューサーに懇願した。夫人の預かり知らぬところで、田宮とフジテレビに新たな契約が生まれたのだという。

「私の耳に入った時には、フジの担当者はすでに田宮の承諾を取りつけていました。愕然としました。しかし、何としても断らなければなりません。私はCMのすべてを降りること、クイズ番組も終わらせることを告げました。事務所も一時的に閉鎖することを明かしたんです。休養させて、無事に回復したら復帰第一作は必ずフジテレビでやることも約束しました。それでも――」

フジ側は「田宮さんは仕事をやりたがっていますよ。元気ですよ」の一点張りだった。夫人はそこに、無言の圧力を感じた。

そこで夫人は、フジテレビと喧嘩別れせずに、新たなドラマの依頼を断る〝大人の条件〟を出した。

「作品は『白い巨塔』であること。一本あたりのギャラは、TBS時代よりも破格に上積みしてあること。昭和四十一年の映画版と同じレベルの豪華キャストであること。さらに、田宮企画の代表である私をプロデューサーに入れること。クレジットにも『柴田幸子』と入れること。当時としては異例ですが、再放送の際にも何%かの出演料を支払うこと」

欲をかいたわけではない。これだけ厳しい条件ならフジは撤退するだろうと考えたのである。ところが、田宮獲得に燃えるフジは、すべての条件を飲んだ。特に、豪華なキャスティングは大きな話題になった。

佐分利信、中村伸郎、小沢栄太郎、加藤嘉、北村和夫、西村晃、曾我廼家明蝶、金子信雄、渡辺文雄、山本學、児玉清、岡田英次、高橋長英、中村玉緒、島田陽子、太地喜和子、北林谷栄と日本を代表する演劇陣が並び、昭和四十一年度の「芸術祭賞」や「第四十回キネマ旬報ベスト・テン第一位」に輝いた映画版に匹敵するどころか、それ以上のスケールであった。

田宮に長期休暇を与えるというもくろみが外れた夫人は、自身がプロデューサーという案からは降りたが、後になって後悔した。

断る方便として「白い巨塔」を持ち出したのは、自分の「浅知恵」であったと激しく自分を責めた。同時に、この大作を蘇らせなければならなくなり、はたして田宮の体力が持つのかと心配した。

夫人はこの時を、生涯でこれほど緊張したことはなく、そして不吉な予感がした。

同時に、今にして思えばやはり、田宮を最後まで間近で監視すべきだったと思った。

ただし、田宮の「白い巨塔」にかける思いも看過できなかった。昭和四十年に文化放送のラジオドラマで主役の財前五郎を演じ、翌年の映画版でも大きな評判を取った。

原作者の山崎豊子に自身の役作りプランを明かし、山崎から「財前はあなたにあげます」との言質も取っている。いわばライフワークの作品であり、映画版では前半部分しか描かれなかったのが、ついにドラマで完結まで描く機会が訪れたのである。

さらに、映画で演じた時は二十九歳だったが、この時点では四十二歳。原作の財前五郎の設定と同じ年齢になっていたということも大きい。映画版では付け髭をするなどの〝背伸び〟が必要であったが、田宮が数々のヒットドラマで得た貫禄は、野望に燃える財前五郎と同一化していたと言っても過言ではない。

それでも、と夫人は言う。

「本来ならばいい仕事のチャンスに恵まれたんでしょうけど、精神病を抱えて、心ここにあらずの状態ではやらせるべきではなかったと痛感しております」

あれほど役作りにこだわり、これまでは台本におびただしく書き込みを加えていた田宮が、いざクランクインとなると別人のようだった。台本を目にするわけではなく、作品そのものを軽視する発言を繰り返した。

家で見る限り、田宮の姿に大きな変化は感じられなかったが。スタジオで振舞う行動は違いがあることを聞かされた。

従来の仕事の取り組み方では、原作を何度も何度も読み返し、演技プランを練る。収録前に原作者（もしくは脚本家）に演技プランを伝え、作者の強い思い入れの箇所を聞く。たとえば「そのセリフはプライドをかなぐり捨てて、出世のために人間のいやらしさを出してほしい」など、作者の意向を確認して再度、主人公の野望を創意工夫して演じる。

そうした姿勢がなくなったことを見かねた夫人は、田宮に「台本は？」と聞くと、にべもない返事が返ってくる。

「今の医学界はこうじゃない。この『白い巨塔』はバカバカしい、時代遅れだ」

これまでの、どの作品にも全力投球する姿がどこにもない。体力がかなり弱っているのではと不安になった。

それは田宮が躁状態に入り、万能感から発した言葉であった。さらに、映画版では描けなかった第二部が始まると、あれほど待ち望んだはずなのに、もはや田宮ではなかった。

夫人が「おかしい」と思った時には、まったく別人格が現れたというのだ。

もちろん、夫人もその状態を見過ごすわけにはいかず、再び斎藤茂太に相談する。斎藤は冷静な診断を下した。

「薬を服用させることが不可能なら、躁状態が通り過ぎるのを待つしかない。体力がなくなれば終わるが、体力がある限りは躁状態が続く」

項を改めるが、こうしたことが契機となり、芸能界きってのおしどり夫婦と呼ばれた二人は、類を見ない修羅の道に突き進んでいった。また「白い巨塔」の撮影も同時に、薄氷を踏むような日々となった――。

壊れゆく時

「最後に『白い巨塔』をやっていなければ、田宮はあのような形で死ぬことはなかったと思います。ボクシングに例えるなら、とっくにタオルを投げ入れているのに、それでも十二ラウンドを戦い切った。そして今でも名作として観ていただけているのであれば、遺族としては大きな慰めになります」

タオルを投げ入れたのは、心身ともにすり減らした田宮に対してだけではない。幸子夫人もまた、豹変した田宮との生活に打ちのめされていた。

異変が始まったのは死の二年前、昭和五十一年頃のこと。これまで家族に声を荒げることのなかった田宮が、ささいなことで激高するようになった。さらに、田宮家に得体の知れない者たちが出入りする。田宮に「M資金」を吹き込む者や、「トンガのウラン採掘権」などをささやく者——、

「まともな状態であれば、田宮もそうした話に乗ることはなかったと思う。精神が壊れていく過程にあって、ありもしない詐欺話にのめり込んでいったんです」

田宮は大映・永田雅一社長との衝突から映画界を干された時期があった。テレビドラマにも出演することが許されず、司会者や歌の営業をすることで糊口をしのいだ。妻と、二人の幼い息子に「貧乏」という思いだけはさせたくない……。

そんな責任感が田宮を休む間もない仕事に追い立て、そして、崩壊に至ってゆく。

昭和五十三年三月二十六日、田宮の代表作「白い巨塔」がクランクインする。その撮影が始まってほんの一週間後、幸子夫人は、田宮の精神の病が再発したとわかった。

「田宮は『白い巨塔』の前半で躁状態のピークを、そして後半でうつ状態のピークの両方を迎えたことになります」

奇しくも、全三十一話の前半は大学病院の教授の座を狙う野心的な役であり、後半は医療裁

判の敗北や病魔に侵される苦境の役。田宮の精神状態を予見しているかのようである。

さて、数々の怪しげな詐欺話に田宮が乗ったのは、自身の躁状態に踊らされてのこと。それが夫人との「決定的な亀裂」につながっていく。

田宮は夫人に無断で新事務所を構え、新スタッフで動き出そうとした。広いオフィスに高級な家具、コピー機なども次々と用意している。

それだけではなく、莫大な金策に走ったため、田宮は土地の権利書や実印を探し出そうとする。家族の財産を守ろうとする夫人を、いつしか目の敵にするようになった。

「いつも私がどこにいるかと、居場所を突きとめるようになりました。ある日、胸ぐらをつかんで階段から突き飛ばされそうになった時は、このままでは殺されてしまうと思いました」

脱兎のごとく家を飛び出し、身の安全を考え、田宮の前から姿を消すことにした。田宮自身が「心から大事にしている」と明かした妻に向けた殺意は、もはや、正気を失っているとしか思えなかった。

夫人は、重大な決意をする。

「味方が敵に見え、敵が味方に見えてしまうという判断力低下の状態だったと思う。それで、田宮と旧知の間柄である『社会的な実力者』の方に相談しました。その方の力を借りて、詐欺集団に手を引かせることや、ペテン師にあきらめさせる手を次々と打つことができました。どうにか……最悪の事態になることは、避けることができたんです」

それでも夫人は、田宮の食事は心配だった。当時、夫人は「次男の私立中学受験のため」との名目で、田宮と別のところに住んでいた。

そのため、田宮が撮影をしている時間に家に戻り、ガレージに車が入る音が聞こえると逃げるように家を出た。逃げるのが間に合わなかった日は、自分の部屋に閉じこもり、じっと息をひそめたこともあった。

田宮が息子たちに「お母さんはどこに行った？」と聞いても、幼い兄弟は「知らない」と言うようにしていた。

やがて田宮は、撮影現場においても異様な言動を繰り返すようになった。共演者に投資話を持ちかけてみたり、小林俊一プロデューサーに「撮影を中断して一週間、トンガに行ってくる」と言い出したりした。

小林は耳を疑った。週に一便しかないトンガ行きで不測の事態があれば、最悪、主演の交代も考えなければならない……。

また夫人は、小林からこんなことも聞いている。

「シーンの撮影が終わると山のような十円玉を持って、ピンク電話の前から離れない。三十分も一時間も、怪しい投資話をしていることがあった」

この時期の田宮は「日本のハワード・ヒューズになる」が口ぐせだった。ヒューズは映画製作と飛行機業に莫大な資産を注ぎ込んだ億万長者だったが、晩年は強迫性障害を病み、非業の最期を遂げている。

田宮は億万長者にはなれなかったが、ヒューズと同じく精神を病んでいくことになる。そしてトンガから帰国した田宮は、あれほど大言壮語していたことがうそのように意気消沈している。

ここから「うつ地獄」がさらに激化していった。

「もうどうにもならない。奥さん、すぐ来てもらえますか?」

小林プロデューサーから呼び出された幸子夫人は、自分に殺意の目を向けた田宮とは別人の姿を見る。かつて、脚本や演出にも口をはさんだクリエイティブな姿勢は、どこにも存在しなかった。

「エネルギーがまったくなく、とにかく私に詫びて、後悔の念でひたすら泣くんです。うつ病のせいで集中力もなく、セリフが頭に入ってこないんです」

田宮が演じた財前教授は難解な医学用語を使い、さらに医療裁判にも駆り出されていたため、セリフは膨大である。元女優の夫人は、田宮のセリフ合わせにも根気よくつき合った。

「彼は苦しんでいましたが、あと少しですべての撮影が終わるという責任感のみで立っていられたのだと思います」

また同時に、田宮は「ずっと自殺を考えている」とほのめかすようになった。夫人は精神科医・斎藤茂太に相談する。

斎藤は「その状態であれば、むしろ死ぬことはないから安心だ」と答えた。ただし「ちょっと元気が出てきたら目を離してはいけない」と告げた。

田宮のもとに夫人が戻ったことで、安心感を持ったことは否めない。絶望の淵から再生の力が芽生えたことにより、皮肉にも自殺へのエネルギーも蓄えたことになる……。

十一月十五日、田宮は「白い巨塔」のすべての撮影を終える。山本學や太地喜和子ら共演者に深々と頭を下げて回った。

十二月二十六日、田宮は夫人とともにフジテレビで最終回の試写を観る。

〈がんの専門医でありながら、手術不能のがんで死ぬことを恥じる〉

その言葉を遺して財前は息を引き取り、荘厳なミサが流れるなか、ストレッチャーに乗せられてゆく。吹き替えなしで自身が死体の役を演じ、試写を観て「役者冥利に尽きる」と感慨深げであったという。

夫人はこのシーンを語る田宮に、こう思った。

「自分が近々、死を迎えるという胸に迫るものがあったんでしょう」

それは、二人で斎藤医師のもとを訪ねた時のことだった。田宮は躁状態からうつに移行し、深刻な状態になっていた。

夫人は田宮の両腕を包み、病気の説明を受けた。沈み込む田宮を落ち着かせようとした。

「二人で顔を見合わせ『躁うつ病という言葉を聞いたことがない。そんな病気があるなんて……』と、心の通い合う会話を久々に持てた気がしました。私は田宮に『これまでのことは、あなたの人格がしたことではない。すべては躁うつという病気がしたことなの』と、言い聞かせました」

いったんは落ち着いたように見えた田宮だったが、その翌日、またしても憤然としている。ひとりで図書館に行き、病気のことを調べたという。

そして、夫人にこう言った。

「躁うつ病は完治しない。病気を繰り返し、やがて死に至るという医学書の説明だった」

その言葉にも力はなかった。医学書の「死に至る」という一文が腹立たしかった。今が一番、危険な時だと思った。

夫人は、それでも力説した。

「マニュアル通りの説明は参考に値しないの。自分でコントロールすればいいこと」

だが田宮はすでに「生きる選択肢はない」と涙ながらに訴えた。自死の考えしかないようだった。

昭和五十三年の壮絶な日々は、ここからさらに夫人を、そして家族を襲う。初めて明かす夫人の克明な記録と、生々しい感情は、項を再び改めて記すことにしたい——。

第二章

不穏の始まり

虚脱状態

昭和の芸能史に燦然と輝くスターであり、壮絶な最期を遂げたことで今も語り継がれる男がいる。その名は、田宮二郎だ。役柄を地でいくような野心に燃え、ある瞬間から心身のバランスを崩し、多くのスキャンダルを抱えたまま世を去った。あれから四十年、稀代の俳優への興味はつきることがない――。

「先生、田宮が……自殺しました」

遺作となった「白い巨塔」のプロデューサー・小林俊一は声を絞った。その電話に、ハワイにいた作家・山崎豊子は即座に答えた。

「猟銃、でしょ。ほら、『華麗なる一族』の鉄平ですよ」

同じ日、大阪の生放送に出演していた芸能レポーターの鬼沢慶一は、速報を聞いて思わず声を上げた。

「死んだ？　お前、約束が違うだろう！」

スタッフに異変をなだめられた鬼沢は、ほどなく冷静さを取り戻し、やはり「猟銃だろうな」と察知する。

そして当時、獄中にいた作家の安部譲二は、渡世人の隠語である「ツラを張る（サイコロなどで同じ目が連続して出ること）」になぞらえて予感した。

「三島由紀夫、田宮二郎と来たか、じゃあ次はオレだな……」

田宮と関わったそれぞれが、それぞれに寂寞《じゃくまく》たる想いで田宮を見送った――。

昭和五十三年十二月二十八日午後一時三十分、人気俳優の田宮二郎が自殺した。東京・元麻布の自宅のベッドで散弾銃を構え、足の指で引き金を引く。

散弾は左胸から心臓にかけて炸裂し、救急隊員が駆けつけた時には息を引き取っていた。仕損じることなく、わずか一発で〝自決の途〟についたことになる。威力の強い散弾銃でありながら、顔にまったく傷がついていなかったのは、死してなおスター俳優としてのプライドを見せつけた形である。

四十三歳という若さで、しかも代表作である「白い巨塔」の放映を二話も残しての死は、年の瀬の世間を震撼とさせた。当時、高校二年だった筆者も、これほど衝撃的な訃報に接したのは初めてだった。と同時に、没後四十年たっても解明されない多くの謎を残したままだ。

近年、田宮の存在は風化するどころか、その遺伝子はあちこちで蘇っている。平成十五年には唐沢寿明主演で「白い巨塔」が同じフジテレビでリメイクされ、高視聴率を獲得した。平成十九年には木村拓哉を主演の万俵鉄平役に据えて「華麗なる一族」がTBSで放映された。鉄平の壮絶な最期は、田宮の死と同一であることはのちに詳しく綴る。

さらに柴田恭兵や舘ひろしなど〈田宮スタイル〉を踏襲した役者は少なくない。また田宮の二人の遺児はその後、そろって芸能界に籍を置くようになった。

二十一世紀に入ると田宮の主演作が続々とDVD化され、平成十九年九月には「SmaSTATION」(テレビ朝日)で特別プログラムが組まれた。映画評論家のおすぎや、長らく親交があった美輪明宏らが田宮を語り、スキャンダルだけではない鮮烈な役者像があらためて浮き彫りになった。昨今の映像に見出しにくい「颯爽としたスター」の幻影を、田宮に重ね合わせているかのようだ。

それでは冒頭に、山崎豊子や鬼沢慶一が「猟銃だ」と直感した理由について推察したい。あの最期の日からさかのぼること五年前の昭和四十八年、田宮は映画「華麗なる一族」(東宝)のロケで志摩半島の賢島《かしこじま》にいた。

その宿泊先から旧知の鬼沢を電話で呼び出す。わざわざ遠方へ呼びつけておきながら、田宮は涙にむせて激高している。

「オレは山本薩夫監督を憎む！　恨む！　いや、もっと言うなら殺してやりたいくらいだ。あの鉄平の役はオレしかいない！」

田宮は、山本薩夫監督による映画版の「白い巨塔」（昭和四十一年、大映）の主演で、数々の映画賞に輝いた。その山本薩夫の監督作であり、原作も同じ山崎豊子である。思い入れの強さもひとしおであっただろう。

だが、上映時間が三時間を超える大作のクランクイン後に主役が交代しないことなど、田宮ほどのベテランが知らないはずはない。それでも無理を承知で、仲代達矢が演じた万俵家の長男・鉄平役を自分に、と訴えたのである。だが、田宮に用意されたのは、万俵家の長女の婿で狡猾な大蔵官僚の美馬中という男だ。

鬼沢は思った。そういえば田宮は、鉄平と同じような境遇であることを――。

「華麗なる一族」の鉄平は、大財閥の長男でありながら銀行頭取の父・万俵大介と骨肉の争いを展開する。創業者の祖父に溺愛された鉄平を、父は出生の秘密を含んで快く思わなかったからだ。

出生の秘密とは、ある日、大介が帰宅すると、妻の寧子が風呂場で倒れている。もともとが公家の出で、世俗のことと無縁の妻は、閨閥結婚によって万俵家の嫁となった。

風呂場から出てきた大介の父は、裸同然の姿で大介に言い放った。

「公家の女の肌はいいぞ」

この一言と、容姿から考え方まで、そして鉄平の出生の日まで「父との過ちらしき日」とことごとく一致することから、大介は鉄平を「自分の父と妻の間に生まれた子」と思い込み、それが骨肉相食む壮絶な争いに発展する。

山崎豊子流の「男の嫉妬」が物語の核となり、鉄平の自殺後、血液型の判定で鉄平はまぎれもなく大介の実子だったという哀しい結末に着地する。

こうしたフィクションとしての特殊な理由はともかく、祖父が賢人だったという一点で田宮は、格別な思い入れがあったと鬼沢は言う。

「田宮の祖父は住友財閥の大番頭だったほどの人物で、実業家としてとても尊敬していた。田宮の父は生後四日で他界しているので、田宮には祖父がすべてだった。その環境の一致もあって、鉄平の役には自分がうってつけと自負していたね」

鬼沢だけでなく、田宮は原作者の山崎にも鉄平役をアピールしている。そして劇中の鉄平は、父の陰謀で会社を倒産させたことに絶望し、祖父から譲り受けた猟銃で自殺する。その「潔い死に方」も、田宮にとってはおおいに感銘を受けた。いや、そのまま憑依《ひょうい》したような死をみずからに科したのだ。

フジテレビの小林プロデューサーは、山崎豊子に「猟銃でしょ」と言われ、次々と映画と符合することを感じた。猟銃、年の瀬、クリスマスの直後……。

「十二月二十五日に、私と田宮さんと太地喜和子の三人で食事をしたんですよ。『白い巨塔』の収録がすべて終わって、田宮さんも一時期より元気になられたようだから顔を合わせようと。六本木で食事して、そのあと田宮さんが『もう一軒、もう一軒！』と言うのを、私も喜和子も断ってしまった。今から思うと、すごくさびしそうにしていたから、行って話を聞いてあげれば良かったんだな」

その日が田宮に会った最後である。同じ日、鬼沢も田宮からの電話を受けている。

「田宮が伊豆の温泉から帰ってきて、『これから夫婦で力を合わせ、もう一回、頑張ろうと約束したんです』と元気な声で言う。その三日後だ、ああなったのは。オレがテレビで『約束が違う！』と叫んだのは、あいつは立ち直るはずだったからだよ」

田宮は死の直前、身も心も壊れていたとしか言いようのない精神状態に陥っている。のちに重度の「躁うつ病」であることが発表されたが、遺作の「白い巨塔」の撮影中にもたびたび症状が表れる。

だからこそ渾身の演技を目指したのではないか——と、田宮が演じた外科医・財前五郎のライバルである内科医・里見脩二役だった山本學は、今もラストシーンを鮮明に思い出す。

「がんの権威でありながら、みずからが手術不能の胃がんに襲われて死んでいく。そして霊安室に運ばれていく場面で、彼は『絶対に自分がやる』と言って聞かない。ストレッチャーに乗って、白い布がかけられているんだから、ふつうは主役がやったりしない。のちに亡くなったと聞いた時、ああ、彼はあの場面でみずからの葬儀を見届けたんだなと思ったね」

その場面が放映されたのは、田宮の死から九日後、一月六日だった。放映が危ぶまれたが「追悼」というテロップを乗せることで難を逃れた。そして三一・四%という高い視聴率を獲得している。小林は、視聴率うんぬんではなく、田宮が精魂を込めた作品だから最後まで放映する義務があると思った。田宮はクリスマスの夜、小林にこう告げている。

「財前五郎のような大役をやってしまったら、このあと何をやっていいかわからない。大変な役をしてしまった」

もはや、完全な虚脱状態だったという。

白い巨塔の財前五郎

田宮二郎――学習院大学に在学中から大映十期生としてスクリーンデビューし、しばらくの大部屋暮らしを経て、現代的な二枚目としてまたたく間に注目を浴びる。特に勝新太郎とのコンビ「悪名」で看板スターになると、「黒い試走車」などの黒シリーズ、キネマ旬報のベスト・ワンに輝く映画版の「白い巨塔」など、大映を支える役者に君臨した。

一時は永田雅一社長の逆鱗にふれ映画界を追われるが、逆にテレビで新境地を開く。司会者として「クイズタイムショック」（テレビ朝日）を人気番組に押し上げ、ドラマ俳優としても「白い影」（TBS）などの〈白いシリーズ〉を当てた。

「石原裕次郎と田宮二郎の二人だけだろう、都会型の二枚目で世に出たのは。それまでは足が短くて顔が大きいタイプばかりだから」

双方と知己を得る安部譲二の評価である。クールなイメージだけでなく、「悪名」のように歯切れのいい役もこなせ、クイズの司会ではチャーミングな笑顔で参加者をなごませる。それほどの才がありながら、「白い巨塔」では別人のように心を閉ざしていた。

俳優・児玉清は、同作で財前と医療裁判で対峙する関口仁弁護士役を演じている。学部こそ違うが、田宮とは学習院大学の一学年違いでもあった。

「同じ大学の同窓とは聞いていましたが、もちろん、当時は一面識もない。ドラマとしてこれが初共演でしたけど、田宮さんとはほとんど会話することはなかった。役柄的にも原告と被告の立場で、法廷でしか向き合わない立場でしたから。そういえば、田宮さんはすでにうつ病が進んでいたのか、一人でジーッとしていらっしゃることが多かった」

田宮は、当時はタブーとされた「映画俳優がクイズ番組の司会者をやること」の先駆者である。昭和四十四年に始まった「タイムショック」がそれだ。田宮の成功は関口宏、愛川欽也、山城新伍らにも門戸を開き、昭和五十年から続いた児玉の「パネルクイズ　アタック25」（テレビ朝日）の大成功にもつながっている。

あらゆる面で共通項の多い田宮と児玉であるが、田宮は映画でもドラマでも大きな実績を積んでおり、児玉は冷静な目で見ていた。

「ライバル意識はまったくなかったですよ。田宮さんのほうが圧倒的にスターで知的なんだし、僕も『タイムショック』は視聴者としても楽しく見ていましたから」

同じ大学や、同じ頃に映画会社の専属となり、映画の斜陽化とともにドラマを主体にしたところなど共通項は多かった二人だが、その生き方はどこか似通っているようで、だが、野心の部分で大きく違った。

本来は学者になりたかった児玉は、父親の死によって、生活のために役者の道を選んだ。役者としての生活の安定のためにクイズ番組の司会を引き受け、そのことを常に感謝していた。昭和五十年から始まった児玉の「アタック25」は、平成二十三年の死の直前まで降板を申し出ることなく、三十六年間に渡って心血を注いでいる。

児玉と同じく、田宮と初共演だったのが国際派の女優と呼ばれた島田陽子である。財前の前任教授・東貞蔵の娘である佐枝子を好演した。島田は「悪名」での軽快な田宮が好きだったので、イメージの違いに驚いたという。

「リハーサル室でとなりの席になることが多かったですが、何か話しかけて一言返ってきて、でもそれ以上は会話が続かないんです。常に台本ばかり見ていて、ほかの方ともまったく会話をなされない。そんな田宮さんの台本は、異様なほど真っ赤な書き込みだらけでした。あんな台本は、後にも先にも見たことがありません」

田宮の死後、八通の遺書が見つかっている。そのうちの一通は鬼沢慶一へ宛てられたものだが、そこには、こう書いてあった。

〈――この道を選ぶしかなかったんです〉

そこに至る道のりもまた、地獄のようであった……。

何度となくリメイクされた「白い巨塔」は、まぎれもなく日本のドラマ史上、いや、群像小説としても歴史に名を残す傑作である。

――大阪・浪速大学という国内でも有数の国立病院を舞台に、天才的な外科医である財前五郎助教授が、定年退官間近の東貞蔵教授（中村伸郎）に代わって教授の椅子を目指す。

だが、野心的な財前を快く思わない東は、別の教授候補を立てることで愛弟子と相対する立場となる。

財前は義父の財前又一（曾我廼家明蝶）のなりふりかまわぬ財力と、鵜飼雅一医学部長（小沢栄太郎）の政治力を借りて、薄氷ながらも勝利を得る。だが、それと同時に執刀した患者の遺族から医療裁判で訴えられ、一審では勝利するものの、控訴審では次々と部下の「正義の裏切り」にあい、予想外の苦戦を強いられた。

さらに財前は、学術会議の会員選という新たな戦いに打って出て、忙殺のままに手術不能のがんに陥ってしまう。控訴審によって敗訴が決まったその瞬間、財前の体は断末魔の雄叫びを上げる。もはや、手術不能の状態であった。

すべてを悟った財前は、初めて医師としての原点に立ち返る。

「気づくのが……遅かった」

田宮が、このセリフだけはと渾身の力を込めた一言であった。

田宮二郎は役者業の集大成として挑み、自己とも他者とも烈しく相克し、そして散った……。その時期、野心的な「財前五郎」が乗り移ったかのような言動は、田宮の精神が蝕まれていくシグナルだった——。

トンガ国の田宮二郎

「どうしても一週間だけ休まなければならない。僕はトンガに行ってきます」

「トンガって……ちゃんと戻って来れるんですか？」

「大丈夫です。万が一、飛行機が動かなくても、僕にはトンガの政府がチャーター便を出してくれますから」

フジテレビの小林俊一プロデューサーは耳を疑った。鳴り物入りでスタートした「白い巨塔」の主演である田宮二郎が、撮影が始まって間もなく、異国の地へ旅立つというのである。

収録のストックは一話分しかなく、しかも当時のトンガ行きは週に一便しかルートがない。もし天候不順や事故などに巻き込まれたら——小林は主役の交代や、最悪、ドラマの中止も覚悟した。

「田宮さん、ではせめてトンガの滞在先だけでも教えてください」

「いや、僕は国賓として招かれているので『トンガ国・田宮二郎』だけで手紙は届きますよ」

……田宮がおかしくなっている。小林は、この瞬間にはっきりと意識した。小林はフジテレビの敏腕プロデューサーとして、あの「男はつらいよ」を映画版に先がけてドラマ化した。そして「白い巨塔」という超大作に意欲を燃やしたのである。だが、何よりも気を揉んだのは主演の田宮二郎の危険な精神状態であった。

同じ頃、財前五郎のライバルである里見医師に扮した山本學も、フジの食堂で何度となく持ち掛けられている。

「ガクさん、トンガに投資しない？」

山本は「僕は田宮さんほどお金持ちじゃないから」と冷笑するしかなかった。

さらに芸能レポーターの鬼沢慶一が、南麻布に建てた田宮の新しい事務所に招かれた時のことだ。そこで田宮は「目をつぶって手の平を広げてほしい」と言う。

言われるままにすると、何やら石のようなものを乗せ、鬼沢が目を開ける寸前にサッと引っ込めた。

「これはウランです。僕はこれからウランの採掘権を得るために、トンガとの交渉を始めるんです」

田宮が四十三年の短い生涯を絶つ日から一年ほど前ではなかったかと鬼沢は記憶する。あの奇妙な物体が何であったか、結局はわからなかった。そして実際にトンガに旅立つ前夜、田宮は意気揚々と鬼沢に電話をかけてきた。

「トンガに行ってツポウ国王に会ってきます。僕は日本の代表として漁業権と石油発掘権を取ってきます」

トンガとは、南太平洋に浮かぶ大小の島々から成る王国だ。すでに石油発掘権はアメリカが持っているが「親日家の国王は別の場所の権利を日本に譲渡したい」と考えている——。と、そんなことをでっち上げ、田宮に甘言として吹き込む人物がいた。それがチャーリー・小野寺という「謎の日系二世風」だったという。

この当時、田宮のまわりには幾人もの〝詐欺師〟が出入りしている。あまりにも有名な「M資金」を持ちかけた竹ノ下秋道という男、さらに、と作家の安部譲二はいう。

「いつも32口径の銃をハンドバッグに入れていた怪しい大年増がいたね。トンガの話も、あのバアさんがきっかけを作ったようだ」

田宮を取り巻く魑魅魍魎たちについては項を改めるが、トンガの地からは約束どおり一週間で帰ってきた。「白い巨塔」の撮影に戻った田宮は、以降、小林にトンガの話をすることは二度となかったし、鬼沢には「トンガオイル」という名産品を買ってきただけだった。

拍子抜けしつつも、田宮が「悪い夢」から覚めてくれるならと鬼沢は思った。しかし、次の言葉が再び鬼沢の胸中を不安なものにさせる。

「このオイルは万病に効くんです。今から宮内庁に行って、これを美智子妃殿下（当時）に届けてまいります」

のちに躁うつ病と発表される田宮の病状だが、この時期は明らかに「躁」の状態だった。鬼沢と田宮の、いや、すべての者との戦いは、まだ「序章」にすぎない。

山本學と田宮の共演は、結果的に「白い巨塔」が最初で最後となった。医師の良心を貫く里見助教授としての好演が、財前のあくなき野望とのコントラストを一段と際立たせ、今も「余人をもって代えがたし」と揺るがぬ評価を得る。

山本は、もともと俳優になるつもりはなく、父と同じ建築家の道を歩むつもりであったが、たまたま見た芝居に興味を持ち、俳優座の7期生として入団する。昭和三十二年には映画「裸の町」（東京映画）の丁稚役でデビューするが、山本が頭角を現すのは、映画に変わる娯楽産業の主流となるテレビドラマにおいてであった。

昭和三十九年に放映された「愛と死をみつめて」（TBS）は、二十一歳の若さで軟骨肉腫によって命を失う恋人（大空眞弓）を誠実に支える役を演じ、大きな評判を取った。その清廉な存在感は、その後も医師の役を多くこなすなど、テレビにおいて重宝された。

また山本は、田宮が映画版で演じた「白い巨塔」の山本薩夫監督を叔父に持つ。山本の弟である山本圭、山本亘も同じように役者の道に進んだ。

そんな両者の初めての顔合わせで、山本は、すでに財前になりきっていた田宮を見る。

「実は先に決まっていたドラマがあったけど、どうしてもと言われて出ることになったんです。そしたら田宮さんは『僕が君を推薦したんだからよろしく頼むよ』って調子だったね」

今でいう「上から目線」の物言いこそ財前五郎にほかならない。二人の初めての収録でも、その意識は変わらなかった。

晴れて教授になり、ドイツ外遊を直後に控えながら、外科医にとってめったに立ち会えない胃の噴門部がん患者の手術に臨む財前五郎。対して肺の陰影を疑い、より慎重な検査を進言する里見脩二は激しく口論する。

「その場面の田宮さんがすごくエキサイトしていたんだよ。今からこんなにテンションを上げてたら、あとあと困るんじゃなかろうか……。とっさに僕はNGのふりじゃなく、呼吸を置く形で『ごめんなさい』と言って撮影を止めたんだ」

この行為に田宮は激怒した。セットの裏に引っ込んでいつまでも出てこないばかりか、謝りに出向いた山本を激しく罵倒する。

「君はわざと止めたんだろう！　僕の芝居を邪魔されて不愉快だ！」

山本は、田宮がそこまでこの役に、作品そのものに賭けているのかと驚嘆する。そういえば当時はロケに使う病院を探すのに苦労したものだが、田宮はあっさり、東海大学の松前重義総長と親しいことから、そこをロケ場所として紹介する。

さらに田宮は外科医として、山本は内科医としていくつもの病院に見学にも行った。田宮が手術を見学した患者が、偶然にも山本の父だったこともある。

そのことを田宮は、いかにも財前五郎風に告げたと山本は言う。

「親父はS状結腸がんで当時のフジと近い東京女子医大に入院していて、その再手術を田宮さんは偶然に見たんですよ。で、その翌日『ガクさん、お父さんの手術を見たけど、あれだけ出血がひどいと助からないね』って。あっさりした口調で、ずいぶんとひどいことを言うもんだなあって思ったよ」

山本は内科医の所作を完璧に演じたためか、のちに九州で講演に行った際、一人の老婆に「先生に診ていただきたくて……」と哀願される。山本は「おばあちゃん、あれは役の上のことですから」と何度も言うが、老婆は山本を医師と信じて疑わない。

家庭にテレビが一台で、全員が楽しそうに見守った時代の影響力とは、それほど大きかったのだ。

さて、山本學はライバルの里見助教授を演じたが、この役における山本の演技は、一部で田宮の財前五郎を上回るほどの評価を得る。ただ、それゆえに田宮を刺激してはいけないと山本は思った。

「原作の山崎豊子さんにお手紙を差し上げたのは、つい最近のことです。あの当時、あまりにも里見役の評判が良くて、これで放送中に山崎先生のもとへご挨拶に行ったら間違いなく田宮さんがやきもちを焼く。それほど彼に気を遣っていましたので、ご挨拶できませんでしたと書いたんですよ」

唐沢寿明主演で「白い巨塔」が平成十五年にリメイクされた際、山本學には厳格で公正無私な大河内清作・病理学教授（田宮版では加藤嘉）としてのオファーがあった。いわゆる「スピンオフ」として、前作の出演者が一人だけ残っているというテレビ的な手法である。

だが山本は丁重にこれを断った。

真意については明かさなかったが、ただ、自身が演じた里見脩二と、田宮が演じた財前五郎を生涯の誇りと思っているのはたしかだ。

「結局、考え方は真逆に見えて、里見と財前は同じ医師の裏表というのかな、二人でひとつの人格であることは間違いないんです」

小林プロデューサーは山崎豊子から、主要な役どころについて「こうこう、こうあってほしい」との注文をいくつか聞く。山本學が演じた里見脩二は、非の打ち所がない演じ方であったという。

異変に手を焼く

そういえば当時、田宮に今で言うところの「都市伝説」のような話があった。搭乗した飛行機で急病人が発生し、乗務員が医師の乗客はいないかとアナウンスする。

「医師の財前だが――」

そう言って迷いもなく田宮が手を挙げたという。真偽は永遠に闇の中だが、あながち、ありえなくはないのではないか。

田宮が山本に告げた以下の提案を聞く限りは、だ。

「撮影の合間に『ガクさんは盲腸ってまだ残っているの?』って聞くんだ。僕が『ああ、ありますよ』って答えたら『それを僕に切らせてほしい』って真顔で言う。冗談でしょって返したら『いや、手術も研究したから盲腸くらいだったら僕は切れるよ』って譲らないんだよ」

山本は、演技の研究のために知り合った脳外科医に言われたことを思い出す。

「最近の田宮さん、ドラマを見ていると少しおかしくない? 何というか『ヘビの目』になっているよ」

ヘビの目――まばたきせず、薄い膜が張って不気味な印象を与える目という意味だろうか。

山本は、田宮に悩みがあるなら聞いてあげるべきではないかと思った。

「白い巨塔」は全三十一話からなる長編ドラマだが、田宮の様子が変わったのは、映画では描き切れなかった後半部の二十話あたりからだという。それまでは「日本のハワード・ヒューズ（アメリカの大富豪）になる」が口ぐせで、怪しげな事業に次々と金をつぎ込んでいった。いわゆる「躁状態」がなせる大言壮語を重ねていたのだ。

しかし――、

「五郎ちゃん、最近おかしいんじゃない？」

財前の愛人・ケイ子役で出演していた天才女優・太地喜和子はいち早く異変に気づき、小林プロデューサーに告げた。太地はドラマでは田宮と初共演だが、長らく「大関酒造」のＣＭでパートナーを務めていたため、微妙な変化にも目ざとい。

その言葉に、小林はハッとした。出演者には隠していたものの、すでに小林も手に負えないことがしばしばあった。

「トンガに行く前とは別人のようなうつ状態になっていた。急に泣き崩れて『もう……できません』と俺に抱きついてくることが多くなったよ。二時間ほど撮影を休止して、肩を抱いて、『わかった、わかった』って言ってあげるしかなかったね」

セリフが頭にまったく入らないことも多く、小林は最終回までたどり着けるか不安になった。かと思うと、異様なまでに財前という役に執念を見せる日もあった。

「財前の胃がんが発覚するシーンの撮影には、三日間も絶食してきたんですよ。田宮さんいわく『がん患者が健康そうじゃいけない』と言ってね。すごい俳優だなあと思いましたよ」

前任教授の娘役で出演していた島田陽子も、口にすることはなかったが、田宮の異変には気づいていた。真っ赤に書き込んだ台本や、心を閉ざした様子などに、だ。

その日を思い出して島田は、慎重に言葉を選んだ。

「後になって、人ごとではないなと思いましたね。私たち役者は、自分の心と向き合い、常に自問自答する習性があります。ともすると自分の感情をコントロールすることが難しいこともある。自分がやりたいことと大衆が求めるものの葛藤はあったんじゃないんでしょうか」

クランクアップの直後、田宮は島田の手を取り何度も「ありがとう！」と告げた。劇中で里見の手を握ってみずからの非を詫びるシーンでは、演じた山本が悲鳴をあげたくなるほど強い力だった。

山本は、彼は本当に死ぬつもりじゃないんだろうかと予感した。

そして田宮から鬼沢への真夜中の電話は、この時期、一日として空くことがなかった。ありえないことを口にしては、延々と泣いているのだという。

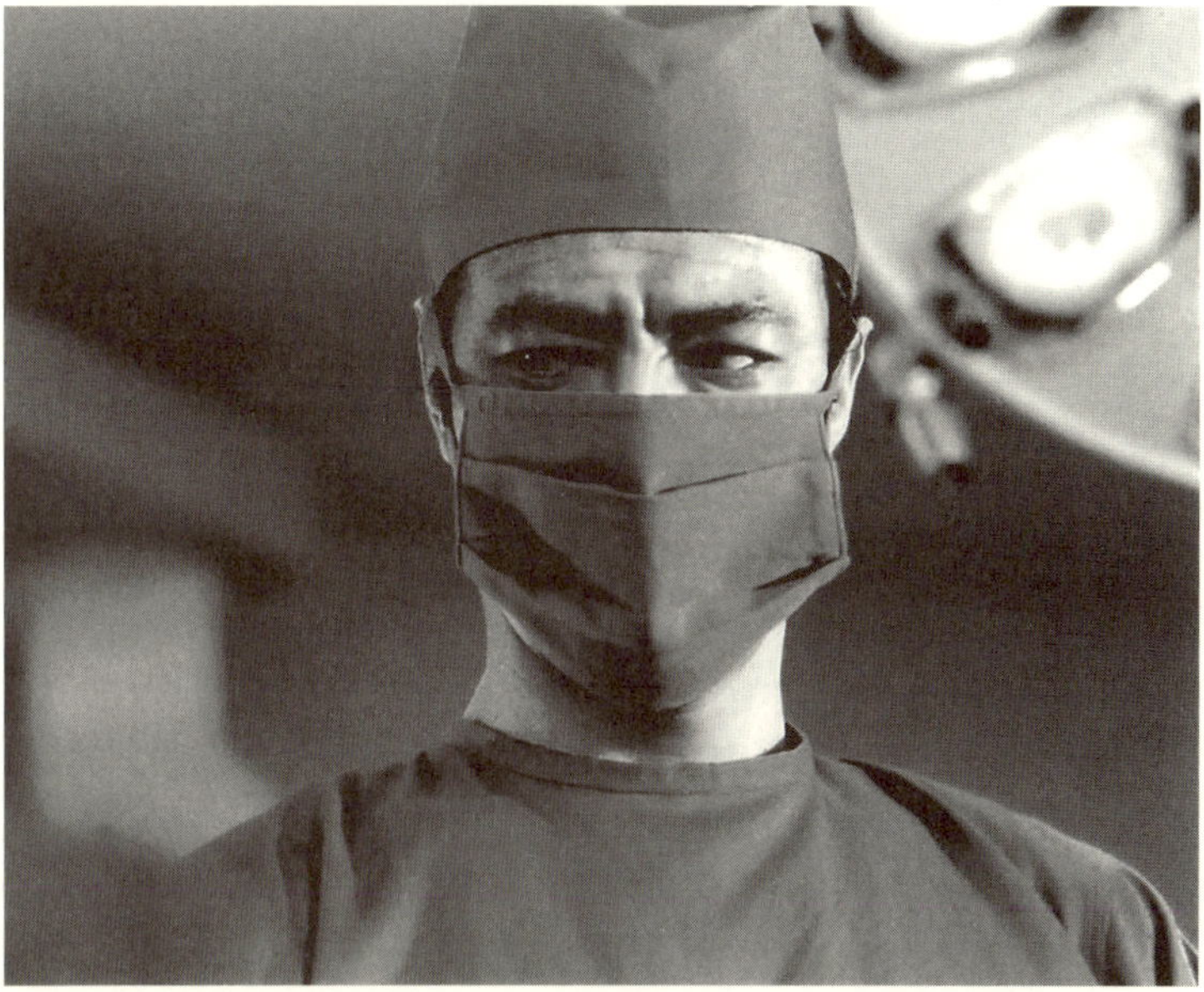

◉昭和41年(1966)、『白い巨塔』(山本薩夫監督、大映作品)で財前五郎役を演じたことで、その名声は決定的なものになり、「昭和のクールガイ」と呼ばれた。そして集大成としてのドラマに臨んだ。(提供/彩の会)

「妻がオレに毒を盛ったとか、息子を殴って流血させたとか、そんな話ばっかりだよ。さすがにこっちも仕事があるし、いつまでも起きていられない。ある日、話の途中で受話器にフトンをかぶせて、何時間後かに取ってみたら、まだ一人でしゃべり続けていたよ」

鬼沢が不在の際は、鬼沢夫人を相手にしてでも真夜中の長話は続いた。もはや鬼沢も、夫人も、倒れる寸前になっていた。

そして鬼沢は田宮の夫人に、本格的な治療をすべきだと進言する。その言葉を待つまでもなく、家族の思いはひとつだった。

「もしかしたら『白い巨塔』が入っていなかったら、父は自殺せずに済んだかもしれません。最後の一年は治療だけに専念すべきだったと思います」

——田宮二郎の長男である柴田光太郎が訃報に接したのは、中学一年の二学期が暮れる日だった……。

第三章
崩落の足音

父の記憶

父親の死――男なら誰もが、その日を静かに受け止め、やがて乗り越えていく。では田宮二郎と、長男の柴田光太郎の場合はどうか。トップ俳優の「猟銃自殺」という非業の死は、十二歳の少年にとって、想像を絶する「現実」ではなかったか。あれから四十年、息子は父の年齢を超え、その記憶を手繰り寄せる――。

「あれっ？」と目をこらしてみた。ほんのわずか、十五メートルほどの距離なのに、父の両足が視界に入ってこないのである。

父と並んで立っている母と弟に異変はなく、父の足だけが見えない。

そういえば、見送る父に「行ってきます」と言うところを、つい「さよなら」と告げてしまった。母親に「さよなら、じゃないでしょ」と笑われたが、子供心に、その言葉だけは忌み嫌っていたというのに……。

昭和五十三年十二月二十四日、田宮家にとってのクリスマスイヴは、結果的に〝最後の晩餐〟となってしまった。中学一年生だった柴田光太郎は夜のバスでスキー合宿に向かうため、夕刻に飯倉片町の「キャンティ」で家族そろっての食事を済ませる。

そして通っている学習院中等科の門の前で、父・田宮二郎に見送られたのだ。田宮は引率の教師に「よろしくお願いします」と頭を下げ、にこやかに手を振った。

だが、その四日後、田宮は自宅のベッドで猟銃を撃ち抜き、壮絶な最期を迎えた。ほぼ同時刻、新潟・赤倉の合宿所にいた光太郎は奇妙な体験をする。

「一年生の僕は食事当番になっていて、熱いお茶を注いでいたら自分の腕にバシャッとかかったんです。湯気まで立っているのに、不思議なことにまったく熱くない。出発の際のことと合わせ、これは何か起きたなと直感しました」

翌日、教師に帰京するように言われ、駅に着いたところで「お父さんが亡くなった」と一日遅れで教えられた。光太郎の胸に去来したのは、ショックよりも、仕方がないだろうという諦念だった。

「なのに、亡骸を見た瞬間には『ふざけんなよ！』って感情的になりました。これまで家族でスクラムを組んで病気と闘ってきたのにって……」

光太郎は、いつから父親が壊れてしまったかを静かに振り返ってみた。あれは小学五年生、亡くなる日から二年ほど前だ。

それまでの田宮家は、家族間での争いがないのが自慢だった。しかし、その日、初めて父が激高した場面を見た。

「ささいなことで機嫌を損ねた母の気を引くために、父が何かの手料理を作ったんです。ところが母は手をつけようとしない。これに『いい加減にしろ！』って怒り、母が座っているイスごと跳ね飛ばしたんです。手こそ上げませんでしたが、父のほうが自分の行為にショックを受けていました」

いったんは詫びた田宮だったが、そのころから夫婦の亀裂が明らかになっていく。芸能界きってのおしどり夫婦と呼ばれていたが、そんな悠長な関係ではなかったのだ。

田宮の苛立ちのひとつに、あまりにも多忙を極めた毎日というのもある。光太郎は田宮の遺品である「1977年」と書かれたスケジュール帳を見た。

一月から順に、どこをめくってもオフの日が見つからない。土日も関係ない職業とはいえ、死の前年に取った休日はわずか一日のみ。

その扉の最初には「借金をゼロにしよう」と「その日のうちに（注・夜12時まで）なるべく眠ろう」と目標が掲げてある。しかし、翌年にかけて「借金」は増え、「睡眠」は削られるばかりだった――。

共演者たちの証言

芸能レポーターの鬼沢慶一は、田宮のデビュー直後から亡くなる直前まで相談相手を務めた。ある日、赤坂のＴＢＳに近いステーキハウスに田宮から呼び出された時のことだ。上機嫌な田宮は「この店で一番高いステーキをどうぞ」と勧める。

レポーターという職業柄、鬼沢は「大人の男としての言葉尻」をとらえた。

「その言い方はないだろう、ふつうは『お好きなものをどうぞ』だろうって注意したんだ。そしたら急に泣き出しちゃってね。どこかで『田宮はケチだ』と言われたと。だから『鬼沢さんに高いものを食べてほしかったんです』って言うんだ。その気持ちはありがたいんだが、これは、かなり神経がまいっているなあと思ったよ」

同じように刻々と変化する状況を間近で見た男がいる。俳優の清水章吾だ。クールな印象が強い清水は、田宮と同じように医師やエリート商社マンの役が多かった。

この「白い巨塔」では、田宮と同じ浪速大学医学部第一外科で、講師から田宮の教授就任に合わせて助教授に昇格する金井達夫に扮した。

金井はもともと財前と相対する東貞蔵教授の薫陶を受けていたが、やはり、財前外科の助教授になると同時に医療裁判の出廷などを含め、財前と距離を置くわけにはいかなくなるという役どころである。

清水はこれが田宮二郎と初めての共演だった。

「僕の中では勝新太郎さんと組んだ『悪名』シリーズ（大映）の、ニヤッと笑うシャープな田宮さんが印象深いね。ああいうタイプの二枚目はほかにいなかったから、一緒にやれるのはうれしかったよ。それで当時のフジテレビは河田町にあって、田宮さんはカバンを抱え、スタジオに入って来る時から颯爽とした『財前五郎』になり切っていた。過去に前半部分だけを映画で演じて、このドラマで前後編を演じるのは悲願だったでしょうね。山本學さんに金子信雄さん、小沢栄太郎さんや佐分利信さんに、曾我廼家明蝶さんと、僕もほとんど初めての共演だったけど、これ以上ないくらい役者もそろえてね」

夫人の反対を押し切って演じた念願の作品であったが、すでに何度も書いたように、当時の田宮は深刻な躁うつ病を抱え、さらに怪しげなビジネスに巨額の投資をしたことも明らかになってゆく。

清水もまた、同じ医局内の立場が近い役柄ゆえ、そんな異変は感じ取った。

「たしかに、リハーサルの間にどこかへ一時間くらい電話をかけることも多かった。それで財前五郎が教授になり、僕がやった金井も講師から助教授になって、財前教授の総回診——俗に言う『大名行列』の撮影の時にボソッと『女房が俺の命を狙って毒を飲ませるんだ』と言うんだよ。思わず、顔をのぞき込んでしまったよ」

家族としては躁うつ病の薬を飲ませたかったのだが、田宮は聞き入れてくれない。もちろん、清水はそんな事情は知る由もないが、ただ、奇妙な言動とは別の、役柄への〈真摯な憑依〉もまた感じ取っていた。

「いろいろと不穏な感じはあったけど、それでも……田宮さんは『白い巨塔』に思いが強かったんだろうな。財前を訴える側の弁護士を児玉清さんが演じていて、法廷のシーンで『財前さん、あなたは知っていたんですか！』と詰め寄る。そこは田宮さんが〈そっといなす〉というト書きなんだが、激高して『何！　今、何て言った！』と本気になっちゃった」

当然、撮り直しになるのだが、役への思い入れという部分では感じ入るものがあった。だが清水は、尋常ならざる状態であることを実感する。

「後半は田宮さんのうつ病が深刻になってきて、セリフが頭に入らない。僕に対して『金井君、一杯やろうか』と言う場面で『……誰だっけ？』『金井です』というようなことが何度もあった。奥さん役の生田悦子ちゃんは、田宮さんに『あなた、死ぬんじゃないの？』と本気で口にしたくらいだから」

生田悦子は平成三十年七月五日に七十一歳で亡くなったが、その五年前の平成二十五年、里見助教授役の山本學や、子息の柴田光太郎との雑誌鼎談において、興味深い発言をしている。生田は、収録の合間に山のような十円玉を手の平に持たされ、ピンク電話にかじりつく田宮につきあわされたという。

その十円玉の使い道が何であったのか――生田は断言した。

〈M資金です。彼は大金を投資して、後は金策に困り、泥沼状態でした。撮影の合間によくフジテレビの地下の食堂で電話をかけていました。電話先は全部その関係先。私は『もう支払いはあきらめたら？』と言ったこともあった。けど彼は『できない。来年になったらどうにかなるよ』と。そして『……でも、来年はないかな』ともおっしゃったの。私はすごく怖くなって、小林プロデューサーに相談したんです〉

次々と共演者に不穏な空気が広がっていく。そして劇中の財前は、がんの権威でありながら、みずからが手術不能のがんにより死亡。幕をかぶせてストレッチャーに乗せられていく場面はエキストラでいいはずなのに、たっての希望で田宮自身が演じている。

直近の部下として臨終の場面に立ち会った清水は、その最終撮影にＯＫが出た瞬間を今も忘れることができない。

「田宮さんは顔をおおっていた布を取ってまわりを見渡し、大物俳優からチョイ役の人まで、みんなが自分に涙してくれているのを見て『役者冥利につきる』と言ったんだ。逆算したら、田宮さんはあれで自身の最期を見届けたんだよ」

そしてすべてを撮り終えた一カ月半後の昭和五十三年十二月二十八日、猟銃自殺という形で、二話の放映を残しながら生涯を終えた。清水は、田宮の「二度目の訃報」に接することになる。

「すぐに特番が組まれ、僕や生田悦子、島田陽子や高橋長英がスタジオに呼ばれたけど、誰も『まさか！』とは思わなかった。むしろ『いずれやると思いました』という感じだったな。ただドラマ自体は不朽の名作に昇華したと思ってるよ。実際に『白い巨塔』を観て医師になったという人は本当に多かったから」

イメージを守るための選択

田宮は並外れたスター俳優だった。彼を形容する語句はダンディ、モダン、昭和のクールガイなど、徹底した二枚目路線であった。それゆえ、そのイメージを守るために彼は〝ある選択〟をする。

それは、自身の頭髪に関してであった。

「あっ、これです。最期の年の父の眉間のしわを見てください。なぜ、ここまでつらそうなしわが急にできたのかを」

柴田光太郎は、筆者が持参した「白い巨塔」（昭和五十三年）の写真を見て即座に声を上げた。たしかに年次を追って見比べると、明らかに晩年の時期だけが極端に表情が険しい。その理由を光太郎は、ゆっくりと切り出す。

「晩年の父を苦しめていたのは、頭髪の悩みでした。今ならスキンヘッドになろうとも役者の価値に変わりはないが、あの当時は違います。ある役者さんがかつらメーカーのＣＭに出たら、以来、いっさい仕事が来なくなったという時代ですから」

それまでも田宮は、海外に出かけては養毛剤を箱ごと買ってくることがあった。光太郎が父の部屋をのぞくと、ひたすら鏡に向かって髪の角度を気にする姿があったという。

そして田宮は、イギリスにて「植毛」という荒療治に挑む。

「父はバレないように、飛行機ではなく船で行ったほどです。そして前髪にそって額に真一文字に毛根を植え込む方法を取りました。当時は言葉にできないほど痛いことで有名な手術ですが、その後遺症として、偏頭痛が死ぬまで取れなかったそうです。もしかするとその痛みが父の顔を険しくし、うつ病をひどくさせたかもしれません。どこか、別の世界に行ってしまいたいほどの痛みだったのでしょう」

何もそこまで――と言ってしまうのはたやすい。だが田宮にはスター俳優としての地位を、ひいては家族の生活をおびやかす「前例」があった。

それは昭和四十三年六月公開の「不信のとき」に端を発する。宣伝ポスターの序列をめぐり、大映の永田雅一社長と激しく衝突する。

田宮は看板俳優でありながら大映を追放され、当時の「五社協定」により、どこの会社の映画にも出演できなくなった。そして――、

「父は歌手でもないのに歌でドサ回りまでこなし、テレビの司会もやって何とか持ちこたえた。そうやって築いた地位を、子供を二人も抱えて手放せないと思ったんでしょう」

植毛により「イメージ」こそ守ったが、死んでもいいと思うほどの「激痛」を抱える。晩年に莫大な借金を抱えていたが、死の直前に掛けた三億円もの生命保険で遺族の生活を守る。

相反するようでいて、すべては美学のため――そんな生き方をしてしまうのが田宮二郎という男なのである。

〝夫婦〟を取り戻した旅

「田宮の奥さんとは常に連絡を取っていた。はっきり言うがあれは病気だぞ、早く治さなきゃいけないとも進言した。やがて奥さんは、家にいながら身を隠すようになってしまったよ」

鬼沢は、いよいよ深刻化する田宮家を憂えた。幼い光太郎は、前述のイス蹴りの一件以降、目立って「見なれぬ人たち」が訪れるようになったと感じた。母は「なぜ家に上げる必要があるのか」と田宮を責めるようになった。

光太郎は、怖くて自分の部屋にこもってしまう。やがて父と母は、仲の良かった夫婦と思えぬ事態に突入していく。

「母の寝室のクロスが破かれていたし、父が血相を変えて母を探すということがあった。父が『M資金』や『柴田報国会』といった怪しげな事業にのめり込み、家を守ろうとする母と衝突したんだと思います。母は半年ほど、父が帰ってくる時間になると自分の部屋に閉じこもり、物音ひとつ立てないようにしていた。父が僕たちに『どこに行った?』と聞くけど、必ず『知らない』と答えるようにしたんです」

家庭内別居とはよく聞くが、それ以上の「幽閉」をみずからに強いていたのである。夫人は鬼沢だけでなく、遺作となった「白い巨塔」の小林俊一プロデューサーにも相談している。

「ドラマがクランクインしてから、四谷の斎藤茂太先生の精神科に通院していると聞かされましたよ。たしかに『国家的事業だから』とトンガに揚々と向かったかと思えば、泣き崩れて撮影ができないほど起伏が激しくなっていた」

田宮は精神科には通っても、自身が躁うつ病であることは認めなかった。そのため、処方箋

◉映画界からテレビ界へ進出、ドラマ主演、司会業によって、一躍茶の間の人気スターになった田宮二郎。やがて事業に進出するも躁うつ病で、ままならず幸子夫人の心痛が続いていった。

にも手をつけようとしない。

夫人は一計を案じ、食事に混ぜて飲ませようとしたのだが――、光太郎もその場面をはっきりと記憶している。

「そこをたまたま父に見つかったんです。母に向かって『毒を盛ったのか！』とひどい剣幕でした」

さらに田宮は精神的に圧迫され、意気消沈していたため、男性としての機能を失っていたそうだ。役柄としてはプレイボーイ俳優と呼ばれた男の、悲しい実状である。

光太郎はのちに母親から、こんな事実を聞かされている。田宮は「白い巨塔」を撮り終えたあと、元どおりの仲に戻った夫人と、伊豆の温泉へ保養の旅に向かっている。十二月七日から一週間の旅程だった。

「そこで父と母は……本当に久しぶりに、夫婦としての営みを持てたそうです。母はそのことよりも、うつ病でふさいでいた父が前向きになったこと。これでやり直せると思って涙したんだそうです」

ただし、その喜びは長くは続かなかった。銃声が響いたのは、旅を終えて二週間後のことだったのだ。

かつての神通力を失う

娯楽映画の巨匠として知られる井上梅次がテレビドラマで田宮と初めて組んだのは、昭和五十二年の「白い秘密」（TBS）だった。田宮の「白いシリーズ」としては第四弾になるが、これまでの「金曜九時」ではなく、一つ前の「金曜八時」に移行している。

これは、よく言えば裏の「太陽にほえろ！」（日本テレビ）が三〇％以上の視聴率を誇っており、その対抗策として白羽の矢を立てられたこと。悪く言えば交互に九時台を守ってきた山口百恵の「赤いシリーズ」が圧倒的な人気を誇り、年間を通して放映されるようになったため、はじき出された格好だ。

田宮は「白い影」「白い滑走路」をピークとしたが、前作の「白い地平線」では低視聴率にあえぎ、かつての神通力を失いつつあった。そして、この枠移動が「田宮の崩壊」につながることとなる。

ある日、田宮の怒りが爆発した。

「おいテメエ！　そんなに若手若手と言うんなら、俺は降りてもいいんだぞ！」

番組の企画会議の席上で、田宮の怒号が響きわたった。その矛先は番組プロデューサーに向けられていたのだから、当時の田宮の〝格〟がわかる。

井上も監督の一人として会議に参加していたが、あまりの剣幕に驚き、両者の調整役に回ることになったと井上は言う。

「TBSとしては八時台に移行したことで、若い視聴者を意識した作りにしたかった。そのためにはヒロインの片平なぎさを中心にストーリーを立てたい。ただ、『白いシリーズは俺のものだ』という田宮君は当然、納得しないよ」

結果、田宮を主役としながらも、これまでよりは若いキャストに沿った内容とする。仲裁役の井上には、メイン監督として全二十四話のうち十五本の演出を懇願された。二律背反するテーマをこなせるのは、田宮に「先生」と呼ばれる井上をおいてほかにない。ただ、田宮を納得させた結果、一人の成長株を失うことになる。

「なぎさの恋人役に売り出し中の水谷豊を狙っていたが、結局は〝田宮ドラマ〟になると察知したんだろうね。はっきり『田宮さんが出るなら出演できません』と断ってきた」

水谷豊の役者としての嗅覚は正しく、翌年には堂々の主演を張る。それは皮肉にも「赤いシリーズ」の一本である「赤い激流」だった。

かつて田宮を解雇した大映の流れを組む「大映テレビ」の制作であり、最終回の三七・二％という視聴率は、山口百恵を上回る記録として残っている。

一方、田宮の「白い秘密」は一〇%台の前半にあえぐ。田宮は主演俳優としてだけでなく、プロデューサー的な立場として責任を痛感する。脚本家のジェームス三木は、田宮の「完全主義者ぶり」に何度となく遭遇している。

「決してお酒は強いほうじゃないが、つきあいの場にはビシッとしたスーツで必ず顔を出す。時には予算に苦しむ制作会社を気遣ってか、支払いを全部、済ませることもあった。そういえば田宮さんは、そんな席でも『の』の使い方がしっかりしているんだ。普通は『〜するんです』と言うところを、正しく『するのです』と言う。およそ、くだけるってことを自分に許さない人だった」

そうした性格が、あるいは田宮を袋小路に追いつめていったのだろうか……。

「先生、東洋工業（現マツダ）が開発したロータリーエンジンをロールスロイスに乗せたら、爆発的に売れると思いませんか？」

井上は田宮が誇大妄想癖にかかっていると思った。実現するのならとっくに専門家がやっているだろう案を、堂々と語り出す。

さらに田宮は、こうも続けた。

「僕は売りに出されている大映撮影所の跡地を買い、スタジオを経営します。先生には撮影所長になってもらいたい」

昭和五十二年のことである。斜陽の映画界にあってスタジオを個人で持つなど、夢物語もはなはだしい。かと思えば別人のようにシュンとなっている。田宮の躁うつ病が顕著になった頃である。

田宮はこの年、「白い荒野」で巻き返しをはかったが、視聴率は一ケタの回も出るほど惨敗の一途だった。もともと予定になかった井上に、何本かでもいいから監督をやってほしいと懇願したのは田宮である。もはや周囲に頼れる者などいない――それほど孤立の度合いを深めていた。

「途中からロケに入ったら、脚本の直しで撮影開始が大幅に遅れるとスタッフが嘆く。その日も田宮君が僕に、びっしりと書き込みをくわえたシナリオを見せるんだよ」

明らかに徹夜で没頭していただろうことがわかった。それが今回だけでないことも、容易に察知できる。

井上は田宮に向かって、あえて平然と言い放った。

「この部分はもともと芝居が不自然だから、オミット（除外）するよ」

田宮は一瞬、呆然とした表情になった。その機を逃さず、井上は「代わりに、田宮君の見せ場を二つ三つ、つけ加えた」と伝える。田宮は安心したような笑顔を見せ、自身が書き込みを入れた部分を破り捨てた。

「先生におまかせします」

以来、田宮は明け方までシナリオに手を入れることはなくなったという。

結局、「白い荒野」の視聴率は最後まで上昇することはなかったが、田宮はいくらか明るさを取り戻したように見えた。一時は、共演していた長門裕之に「田宮はノイローゼだ」と気づかれたほどだったが――、

「打ち上げパーティーの席上、ハナ肇が『監督、オレの家で飲みましょう』というので長門とともに向かったんだよ。そうしたら後で田宮君も追いかけてきて、上機嫌で朝の四時まで騒いでいったよ」

井上は、これが田宮と過ごした最後の夜となった。翌年、田宮がフジで「白い巨塔」を始めると、井上は〝田宮の小型版〟と呼ぶ天地茂と組み、同時間帯のテレビ朝日で「江戸川乱歩の美女シリーズ」を撮る。

天知が演じた明智小五郎は、天知の没後もなお、ＣＳなどでたびたび再放送を重ねるほど鮮烈な印象を残した。視聴率も「美女シリーズ」のほうが良く、仇敵となってしまったため、会う機会を失った。

そして同年の十二月二十八日、井上は田宮の訃報を聞く。

それから四日後の元旦、井上の自宅には「今年は一からやり直します」と書かれた田宮からの年賀状が届いていたというのに……。

第四章
予兆の時代

田宮二郎という鎧

田宮二郎の苛烈な生き方は、良くも悪くも昭和五十三年に向かって収斂《しゅうれん》される。本書が描くところも、激烈な一年の綿密な記録である。だが、田宮は映画俳優としても、テレビスターとしても足跡を残し、そして、死を予兆させる日々があった。ここでは、そうした「前夜」を振り返ってみたい。

さて「昭和」を代表する俳優といえば、石原裕次郎、勝新太郎、三船敏郎、鶴田浩二と、錚々《そうそう》たる〝一枚看板〟が並ぶ。こうした巨星たちと伍するために、田宮二郎は何を心がけ、いかに行動したのか。役者としてのあくなき野望は、デビュー直後から灼熱と化していた——。

「よし、それでは銀座に出発します！」

黒のストライプスーツに身を包み、その男は意気揚々と大映の東京・京橋本社を出た。当時、スポーツニッポンの記者だった鬼沢慶一は、大映の宣伝マンとともに銀座の行脚に同行する。昭和三十二年、田宮二郎がまだ本名の柴田吾郎としてデビューしたばかりのころだ。

「まあ素敵、ほら見て！」

身長百八十センチの田宮が颯爽と銀座の街を歩くと、女たちが次々と振り返る。田宮は軽く手を上げ、人なつっこい笑顔を見せる。と、その刹那に怒号が響く。

「笑うな、前を見ろ！」

ベテラン宣伝マンの指示により、田宮は表情を一変させる。生涯にわたって代名詞となった「クールでニヒルな面構え」は、こうした特訓のもとに誕生した。

田宮は「銀ブラ作戦ですよ」と告げたが、鬼沢は何と大胆な男だろうと思った。ただ、堂々たる体躯もあってか、そうした行為が嫌味に感じられない。

さらに田宮は、大映撮影所に呼び出しの電話をかける。そこにいるはずのない「柴田吾郎」を、である。田宮の狙いは、所内のスピーカーから「柴田吾郎さん、いらっしゃいますか」と繰り返させ、関係者に名前を憶えてもらうことだった。

田宮が学習院大学の学生時代から親交のあった美輪明宏は、何かにつけて電話をかける田宮を「テレフォン吾郎」、さらに略して「テレゴロ」と呼んだ。

改名して主演俳優となったあとも、電話を使う作戦は継続されている。

「あー、もしもし、田宮二郎の次の主演映画は、いつ公開されるのかね」

一般の観客を装い、大映の宣伝部に頻繁に電話をかける。宣伝部員たちは〝電話の主〟が誰であるかわかっていながら、その姿勢には感心しきりだった。いかに世間が田宮に注目しているか、そう会社に思わせる演出なのだろうと。そんな田宮の電話魔ぶりは、形を変えて死の寸前まで続けられたことになる……。

田宮は、大映の看板女優たちの会見にも何度となく乱入した。美人女優・藤村志保の主演作の会見が始まると、途中でひょっこりと場を横切る。

驚いた藤村は田宮に同席をうながし、なし崩し的に共同会見の形となる。その場に居合わせた鬼沢は、田宮の決意を知る。

「役者になった以上は、何としてもトップになるんだって、そりゃあ鼻息も荒かったたね」

大映の永田雅一社長から「田宮二郎」を拝命したのは、昭和三十四年のことである。永田がオーナーを兼務した球団「大毎オリオンズ」の強打者・田宮謙次郎にあやかったものだが、当初、田宮はこれに難色を示した。

しかし「永田ラッパ」と称されたワンマンオーナーに立ち向かえるはずもなく、その芸名を迎え入れた。以来、生涯にわたって「田宮二郎」という名前に、並外れたプライドを持ち続けたのだ。

その男は生涯、「田宮二郎」という〝鎧〟を脱ぎ去ることはなかった。いや、田宮だけではない。バラエティ番組で「素の姿」を見せて新たな人気を得る昨今と違い、昭和の俳優たちは「演じる」ことで矜持《きょうじ》を守りきった。それが逆に、険しい道であったとしてもだ——。

日本映画黄金期の名匠・井上梅次はこれまで、百十五本の映画作品を撮っている。その圧倒的な本数の中で、筆頭に位置する役者が石原裕次郎と田宮二郎ということになる。

裕次郎には「インテリジェンスと庶民性の同居」を見出し、田宮には「よりインテリジェンスに憧れる」方向性を感じ取った。

裕次郎と組んだ正月映画「嵐を呼ぶ男」（日活）が空前のヒット作になったのは、昭和三十二年のことだ。それから五年後、舞台を大映に移しての正月映画「やくざの勲章」で、井上は田宮を主演に据えた。

井上は一年前に「五人の突撃隊」という映画で初めて田宮と組んでいる。その作品での田宮は、脇役にも関わらず、階段落ちのシーンでカメラに収まりきれない熱演を重ねた。そのたびに撮影が何度も中断されたが、こと役者魂においては井上をおおいに感激させている。

ただし、主演作となると話は別である。井上は田宮に、ただただ「抑えて、抑えて」と苦言を呈した。

「脇役はどんなに激しい芝居をやってもいいが、主役は別。いかに淡々と、淡々と進めて、どこで見せ場を作るかだ。ところが田宮君は、どのシーンもこれ見よがしの芝居をする。彼には『一本のフィルムにつなげたらドン・キホーテ（道化）になってしまうよ』と言ったんだ」

翌年、井上は「わたしを深く埋めて」で再びメガホンを取るが、わずかな期間での田宮の変貌に驚いた。過剰だった演技は抑制の効いたものに変わり、なんら注文をつける必要がない。それは映画だけで十本以上、のちにテレビドラマで二作ほど組んでも同様だった。なんという研究心だろうか……ともすると「大根役者」と呼ばれがちな田宮だが、井上は十分に「演技者」だったと追想する。とりわけ「役への執着心」においては、他の追随を許さない迫力があった。

田宮もまた、終生にわたって井上を「先生」と呼び、教えを乞うた。ただ、田宮は井上と同郷の京都市出身だが、不思議とそのことについては胸襟を開こうとしない。生後四日で父を亡くし、十歳で母と死別した経験が田宮の口を重くしていたのかもしれない。

井上は当時、田宮のアクション物を中心に撮った。田宮は文芸路線でも評価を高めつつあったが、真価を発揮するのは長身を駆使したアクションである。

余談だが作家の安部譲二は昭和四十一年、自身の半生をもとに田宮が主演した「複雑な彼」のロケを見学している。安部は〝本職の目〟で田宮の動きを見る。

「相手を殴る時に、爪先立つように腰が浮くんだよ。ああ、この人は実際に人を殴ったことがないんだなって思った。あれじゃあ、相手は倒れませんぜって監督に教えてやったよ」

ただ、つくづく「いい男だ」と思った。短足で顔がデカい二枚目ばかりの映画界に、都会派のスターが誕生したと予感した。

映画俳優・田宮二郎——その名を授かってからは、田宮は一瞬たりとも休息に与しなかった。どこまでも生真面目で、どこか不器用な男は、自分の在り方を常に模索する。たとえ「勝新」や「永田ラッパ」といった〝昭和の巨魁〟が相手であれ、一歩も退くことなく「田宮二郎」を貫いた……。

ドン永田雅一に詰め寄る

昭和四十三年六月、役者として脂が乗りきった三十二歳の時だった。本来、主演であるはずの「不信のとき」のポスターを見て、田宮二郎は愕然とする。看板女優の若尾文子が上に来るのはまだしも、松竹の加賀まりこ、フリーの岡田茉莉子と続いて、ようやくトメ前(四番手)に自分の名前がある。

「これは納得できません」

田宮は、大映社長である永田雅一に詰め寄る。勝新太郎と組んだ「悪名」シリーズ、一枚看板を張った「黒」シリーズ、「犬」シリーズ、そしてキネマ旬報の第1位に輝いた「白い巨塔」と、田宮は獅子奮迅の活躍を重ねていた。

「お前の言う通り、トップに来るのはお前の名前や」

永田は得意の長広舌を振るうことなく、田宮の主張をあっさりと認める。ただ、そこから撮影所長や副社長（永田の長男）との摩擦を田宮が持ち出したことで、永田の態度は一変した。

「お前は自分を横綱大関クラスと思ってるかもしれんが、勝新太郎じゃないんだ。まだまだ三役クラスの役者だろう！」

その瞬間、永田は一方的に田宮に対してクビを宣告する。さらには「五社協定」を盾にして、一切の映画界から追放したばかりか、テレビドラマにも出演できぬよう持ちかけた。これが田宮だけでなく、永田と大映の命運さえも揺さぶった解雇劇の顛末である――。

俳優の倉石功は田宮より六期下の「大映十六期ニューフェイス」として入社した。当時、大映ドラマ室制作の「ザ・ガードマン」（ＴＢＳ）にレギュラー出演しながら、お家の一大事の行方を見守っていた。

「田宮さんが名前の順番にこだわったのは当然でしょう。僕も『高校三年生』など青春モノをやっていた時に、ヒロインの姿美千子とどっちの名前が上かを真っ先に見ましたから」

タレントの小野ヤスシは、谷啓、赤塚不二夫と並び、田宮を「三人の兄貴分」の一人として慕った。田宮が大映を去る直前の「喜劇・泥棒学校」で共演したのが始まりである。そして大映を追われた田宮は、五つ年下の小野に説いた。

「あの映画は女性映画だから四番手に置かれたけど、田宮さんは別格だと思えばいい。そう告げたのですが、田宮さんは聞き入れずに『いいか、序列は俳優の命なんだ！』ってこだわりを見せた。それは、これまでがんばってきたことへの証しだし、これからの仕事も左右すると。そう言われてから僕もテレビの番組で、自分は一枚テロップなのか、二人三人まとめてのクレジットなのか気にするようになりました」

田宮の一件が発覚すると、業界用語だった「五社協定」も一般に知られるようになった。誕生は昭和二十八年、永田が発起人となり東宝や東映、松竹に呼びかけた「引き抜き防止」のための協定である。

もっとも調印時は映画全盛期だから良かったが、それから十五年のうちに斜陽化が進み、効力を発揮しなくなる。むしろ、いたずらに俳優を縛りつける「悪法」との認識を植えつけた。映画界の古き慣習を人々は批判し、世の流れはテレビ全盛へと突き進む。

田宮が去った翌年には大看板の市川雷蔵が急逝し、さらに二年後には大映そのものが倒産してしまう——。

田宮は昭和三十一年からの十二年間を大映で過ごした。いわば役者としての多感な青春期を捧げたことになる。そもそも大映を率いた永田雅一は、数々のメディアに首を突っ込んだ男であり、純粋な映画人ではない。

そのヒエラルキーは、倉石によればこうだ。

「お正月のお年玉の額でわかるんですが、一に肩入れした政治家、二に大毎オリオンズの野球選手、三に競馬で、ようやく四番目が大映でしたね。映画がもっとも儲かっている頃なのに、扱いは低かった。人気が出た川口浩さんに続けと、品川隆二さん、川崎敬三さん、鶴見丈二さんと、京浜東北線の駅名を順につけていっただけの芸名もありましたから」

結果的にスター俳優にふさわしい響きを持ったが、その大毎オリオンズの強打者の名前をほぼ拝借しただけの「田宮二郎」も同じような安易さである。

さらに大映の役者の中でも大きな格差があった。永田社長は「男の役者はいらん」と公言するほどの女優至上主義である。

そして男女に限らず、生え抜きよりも外様の俳優を重宝する。作風でもどちらかといえば文芸モノをこのみ、田宮が観客動員に貢献した「悪名」や「犬」シリーズなどのアウトロー物は軽視されている。

◉生真面目で、どこか不器用な田宮は常に自分の在り方を模索した。

また保持した競走馬と同様に、役者にも「血統」を重視した。長唄の杵屋勝東治の息子である勝新太郎、歌舞伎の名跡を継いだ市川雷蔵がこれに値する。倉石は役者だけでなく、社員も二世だらけだったと苦笑いする。

「国会議員の息子とか、企業の重役の令嬢とか、各部署にゴロゴロといた。加賀まりこが田宮さんよりポスターの名前が上だったのも、彼女の父親が大映のプロデューサーだったことと無縁ではないでしょう」

田宮は、こうした血統など何ひとつ条件を満たしていないものの、恵まれたスター性と貪欲な研究心で主役の座を奪い取った。

田宮より一期下で大映に入社した藤巻潤は、田宮を見て、一目で「俳優が憧れる俳優」だと思った。

藤巻が井上梅次監督の「五人の突撃隊」で初共演したのは、昭和三十六年のことだ。下積みが長かった藤巻には、わずか一期しか違わないのにまばゆい光を放つ田宮が異邦人のように思えた。

「撮影所にはハリウッドの俳優も来てましたが、田宮さんはセットの裏で通訳を買って出る。流暢な英語をこなせる、当時としては珍しい役者でした。共演した『五人の突撃隊』でも、僕ら若手五人に田宮さんが号令をかける役なんです。そこで全員がそろって『了解！』と言うところを、田宮さんは自分なりの演出プランを口にする。僕に『巻ちゃんだけ遅れて、嫌々そうに了解って言ったらどうだ？』とアドバイスするんです」

藤巻は、田宮の後輩として過ごした大映時代に、二つの楽しい思い出があるという。ひとつはチョイ役ながら「家庭の事情」という映画で、主演の田宮を一本背負いでぶん投げたこと。のちに極真会館の創始者である大山倍達の義弟となる藤巻は、柔道・空手ともに二段の腕前を田宮に披露する。もうひとつは映画会社対抗の野球大会で、先発の田宮をリリーフしてマウンドに上がったことだ。

藤巻も倉石と同様、「ザ・ガードマン」に抜擢されたことで、映画の世界としばらく距離を置く。その期間に田宮が大映を去ったことは、大きな目標を失ったように思えた。

誰一人として歯が立たなかった

「悪名」で名コンビを組んだ勝新太郎と田宮は、しかし、私生活では相容れる部分がまったくなかった。たとえば勝新お得意の「大名行列」として、夜の銀座を大所帯で練り歩く。田宮もその一群にいるが、ふと見ると田宮のスポンサーも同席している。

勝は、とたんに不機嫌な表情に変わる。この場が何人、何十人いようと、勝の席はすべて俺が払うんだ。田宮よ、なぜお前のスポンサーがいやがるんだ……。

若手として何度か居合わせた倉石は、歴然たる性格の違いを知る。

「勝さんは五百万稼いだら五百万使え、その代わり次に六百万円稼げばいいじゃないかが口ぐせの人。田宮さんはケチというのでなく、自宅の引っ越しに大映の大部屋俳優たちが手伝いにきて、全員にテンヤ物を取って『はい、ご苦労様』と合理的に済ませる人だった」

田宮が大映を去るまで「悪名」の十四作でコンビを続けた。これまでの二枚目役者がやらなかったような軽妙な「モートルの貞」は、勝新の「朝吉」をしばしば食うほどの評価を得る。が、勝新は一度たりとも田宮を評価しない。

ただ唯一、遺作の「白い巨塔」だけは何度となく夫人であり、被告と原告の立場で相対した中村玉緒に告げている。

「おい、あの演技は凄いな。あの田宮は恐ろしい。玉緒、あの演技は凄いよ」

永田だけでなく、勝新から見ても「三役クラス」と思っていた役者が、真に同じ土俵に上がってきた。性格は真逆でも、やはり役者の氷解は「迫真の芝居」をおいて存在しない。ただそれは、皮肉にも死を間近に控えた時期だった。

そこへ至る長い時間の中で「弟分」の小野ヤスシは田宮に、こう問われたことがあった。

「小野ちゃん、二枚目とはどういうことだと思う?」

「たとえば、何ですか？」

「たとえば歩き方だ。二枚目は大股で歩く。決してコソコソ歩いちゃいけない」

さらに田宮は、あらゆる「二枚目の仕草」を研究したと小野に告げる。振り向く角度、タバコの吸い方、火のつけ方など。

いや、それは鏡を前にしてだけではない。小野は田宮の自宅へたびたび招かれ、里見浩太朗らとともに麻雀を囲んだ時に思った。田宮はひたすら、一気通貫や純チャンといった手役を好む。結果、あがれることは少なくなるが「リーチピンフのみ」で勝とうとしない〝二枚目の麻雀〟なんだと。

当時、東京・調布にあった田宮邸は、裏庭こそ金網の囲いであるなど実は安普請だが、そのぶん玄関や門には豪華な造りを施した。それが二枚目俳優の邸宅なんだと誇示するように。

「まだ小学生だった二人の坊ちゃんが『パパ、おやすみなさい』って頬っぺたにチューをして寝るわけですよ。ああ、家庭でも徹底しているんだなって」

やがて、そんな愛児を残して田宮は旅立つが、その猟銃は首ではなく心臓に向けられていた。最期の瞬間まで「二枚目役者」にこだわり、顔に傷をつけることのない選択だった――。

「アイ、アム、ＶＩＰ！」

脚本家のジェームス三木は、パリのホテルでフロントに詰め寄る田宮の姿を見た。どうやら用意された部屋が気に入らなかったらしいが、それにしても、みずから「VIP」と名乗る俳優など見たことがない。そんな三木の驚きをよそに、田宮はさらに重ねる。

「リーディングアクター、インジャパン！」

俺は日本のトップ俳優なんだから扱いに気をつけたまえ——そんな田宮の迫力に、一流ホテル側はあわてて「最上級の部屋」に変更する……。

それは昭和四十九年のことだった。田宮が主演を張った「白い滑走路」（TBS）は、最高二六・九％もの視聴率を獲得し、まさに〝VIP俳優〟の時期であった。

三木はそれ以前、田宮のドラマ初主演作「知らない同志」（昭和四十七年、TBS）の脚本を担当して顔を合わせているが、わずか二年の間の変貌に目を見張った。

当時の田宮は映画界を追われて間もなく、クイズや歌番組の司会で糊口をしのいでいた頃だ。その日には感じなかった生来の自己顕示欲が、ドラマにおける看板俳優の座を取り戻したことでの発露であろうかと。

「金曜九時の枠は『サントリー』がメインスポンサーで、当時、日本でも本格的にワインを売り出そうということで田宮さんの『白い』シリーズ、それに山口百恵の『赤い』シリーズが誕生したんだよ」

そして日本航空の全面協力により「白い滑走路」が生まれ、田宮はパイロット役で評判を取る。だが当初、日航側は田宮の起用に異を唱えたという。かつて大映の「悪名」で演じたチンピラの役どころが強烈だったというのが理由だ。

それが杞憂に終わり、ハマリ役を得た田宮は「主演俳優」以上の役割をこなしていたと三木は言う。

「ロケハンの前のシナリオハンティングの段階から田宮さんは同行した。パリ、ロンドン、カナダ、アメリカ……どの地でもホテルの交渉、ロケ先の交渉、さらには日航との打ち合わせもすべて一人でやっていた」

印象的な場面がある。全面協力であるはずの日航の担当者と田宮が激しく口論した一幕だ。現地で交渉ができるほど英語に堪能な田宮は、日航の男と「グラスオブウォーター」か「カップオブウォーター」かで言い争ったこともあった。

そんな「議論好き」な部分はドラマ全体にも波及する。そもそも三木は、同ドラマにおいて三番手の脚本家のはずだった。メインには、のちに「3年B組金八先生」シリーズを当てる小山内美江子がいたが、シナリオの内容をめぐって田宮と衝突し、途中で降りることになる。二番手の脚本家も同様で、後半は三木が一人で担当した。

「監督の一人だった番匠義彰さんが業を煮やして言いましたよ。役柄に例えて『この番組としての機長は田宮さんではありません、私です』と。ただ、正直に言うと田宮さんには、監督も脚本家も誰一人として歯が立たなかった」

昭和四十九年当時、田宮の一本あたりのギャラは四百万円という破格値だった。

「俺は絶対、あんたには負けないからな！」

田宮の主演ドラマにおいては、徹底したワンマン体制を敷く。ただ、そのぶん、人一倍の研究熱心だったと三木は言う。

たとえば役者が脚本にクレームをつける場合、このセリフは言えないとか、キスシーンはイヤだというような物言いで終わる。

「でも田宮さんは、必ず代案を出す。ただゴネるんじゃなく『僕ならここのセリフは〇〇〇に変えますね』と、主張がはっきりしていた」

三木は田宮と食事をともにするたび、意外なプロ意識を知った。中華であれフレンチであれ和食であれ、必ず「青モノ（野菜）」は残さず平らげる。田宮は「腹が出ないのはそのせいだ」とうれしそうに笑った。

たしかに遺作の「白い巨塔」でもたびたび裸の上半身を見せる場面があるが、無駄な贅肉がまったくない。トレーニングで鍛えるというのでなく、日頃の節制が行き届いている印象を受ける。

作家の大下英治も別の形で田宮のプロ意識を知る。死の半年前、四日間もつきっきりで取材に応じた田宮は、こう告げた。

「実は山崎豊子の『白い巨塔』は、三船敏郎を財前に想定して書かれたものだという説が一部にあった。それに対して田宮は『三船さんは、いよォ、オッ、オッの人だから』とその説を否定するように真似をするんだけど、一瞬の動きと声は驚くくらい似てた。三船が肩をいからせて周囲に挨拶する姿そのものだった。そのあとで『陰影のある財前役は三船さんより僕じゃないと』と言うんだけど、やっぱり役者の観察眼は凄いなと感心したよ」

大下も三木も、そんな田宮を役者の鑑だと思った。ただ、それが行き過ぎてしまうことも多々あった。

たとえば、三木はあるベテラン女優との心理戦を田宮から聞く。その女優とは舞台で一度だけ共演したが、まったく考えが合わずに「もっとも嫌いな女優」と思った。ただ、芸能界的なつきあいとして、その後の田宮の舞台にも花を贈ってくる。それに対して田宮は、その女優の舞台に「倍の大きさの花を贈った」と平然と言うのだ。

屈辱を受けたら、絶対に見返す。まるで財前五郎のような象徴的なシーンがあったことを、田宮は三木に打ち明けた。かつて大映を解雇された永田社長と、偶然にホテルのエレベーターで会った。永田が持つ大映は多くの負債を抱え、逆に田宮はテレビスターとして脚光を浴びていた頃だった。バツの悪い永田がそそくさとエレベーターを降りると、田宮は追いかけていって永田に宣言した。

「俺は絶対、あんたには負けないからな！」

第五章
M資金と愛人

M資金の行方

俺は日本のハワード・ヒューズになってやる！　いつの日からか田宮二郎は、取りつかれたように「実業家」への転身を口にする。〈俳優は男子一生の仕事にあらず〉と石原裕次郎は言ったが、田宮は、より野心的に事業の道を模索した。そして、その日々こそが、田宮の命を《闇の淵》へと導いていった——。

ベストセラーとなった「塀の中の懲りない面々」で知られる作家・安部譲二のもとへ謎めいた電話がかかってきたのは、平成二十年の夏のことだった。

ごく一部の知人に映画を作りたいと洩らしていたためか、電話の主は見透かしたかのように言う。

「安部さん、いい話があるんですよ。低金利で百億円の資金が用意できるんです。そのために調査費を五千万円ほど振り込んでいただければ」

安部は瞬時に「M資金」かと思った。堅気になって三十年近くも経てば、自分も「騙される側」に回ってしまったのかと。安部は見知らぬ男にこともなげに告げた。

「じゃあ五千万は用意しとくから、先に一割の十億ほど融資してくれや」

……瞬時に電話は切れた。安部は苦笑いしながらも、ふと田宮二郎を思い出した。あのチャーミングだった俳優に、誰が、あんなことを吹き込みやがったのかと。

M資金——戦後のどさくさに紛れ、GHQが旧日本軍から接収し、運用されていると言われる秘密資金である。当時のマッカート少将の頭文字からM資金と名づけられ、その資金は当時で五百億円、現在なら数十兆円ともされるが、もちろん、架空の詐欺に違いない。

「田宮だけじゃない。全日空、TBS、東急といった大企業まで、まんまと手口に乗っかっていたのさ」

そう話す安部と田宮は奇妙な縁で結ばれている。安部は、伝説のアウトローである安藤昇が率いた渋谷の東興業（通称・安藤組）に在籍していたころ、銀座のゲイバーで用心棒を務めていた。その店の常連に作家の三島由紀夫がおり、安部の半生に興味を持った。二十七歳までの安部をモデルに「複雑な彼」という小説を書いた。

安部は今でも、三島の編集者が代筆した「ロクでもない出来」だと思っている。小説が世に出ると、安部の手下の者たちが勝手にモデルにされたと息巻き、三島に殴り込みをかける寸前までいったと安部は述懐する。

とはいえ、それが大映で映画化という話になり、監督と田宮二郎、さらに新婚間もない幸子夫人も挨拶に出向いてきた。

「ビートルズが来日した昭和四十一年だった。オレは呼び屋にからんでいたから武道館のチケットを束で持っていた。二人に『行くかい？』って聞いたら目を輝かせるから、ペアでプレゼントしてあげたよ」

やがて「原作」の三島は割腹自殺を遂げ、獄中では「主演」の田宮の猟銃自殺を聞く。二人も続けて怪死ということは、次は「モデル」のオレの番か……。

バクチで同じ目が続くことを「ツラを張る」というが、幸いに安部は健在で、出所からほどなくして作家に転向し、ベストセラーを出す。

安部を世に送り出したのは、文藝春秋社の名物編集者・田中健五だった。その田中は、田宮が自殺した昭和五十三年十二月二十八日、「週刊文春」の編集部にいた記者の大下英治に告げた。

「大下、田宮が自殺したぞ。でもそれはお前の問題じゃなく、会社としての問題だから心配するな」

のちに作家となった大下は、田宮と過ごした四日間を回想しては自分に言い聞かせた。たとえ、あの記事が出ていなくても、田宮の自殺は避けられなかったのではないかと。いや、記事が出なかったら、家族はもっと追いつめられていたはずだと――。

昭和五十三年を迎え、田宮はライフワークである「白い巨塔」の主演も決まり、俳優業の集大成に臨むはずだった。

ところが、田宮の意識は別のところにあった。次々と怪しげな事業の計画をぶち上げ、ザルの目とも知らずに大金をつぎ込む。

その〝予兆〟は三年前、昭和五十年には見られたと脚本家のジェームス三木は言う。三木はTBSでの主演ドラマ第一作「知らない同志」から、「白い滑走路」「白い地平線」で田宮と組む。打ち合わせで飲むと、田宮は目を輝かせながら語った。

「これからは自動車電話の時代ですよ。東洋無線という倒産した会社が権利を持っていて、僕はこれを買うことにしました。六億円を融資すれば、自分のものになる。あの会社は自動車電話のノウハウを持っていて、原価三十五万円のものを車に取り付けるだけで、百三十五万円で売れるんだ！」

前にも書いたが、トンガ国に国賓として招かれていると得意満面に話す。かと思うと芸能レポーターの鬼沢慶一には、矢継ぎ早に「夢物語」を打ち明ける。

「上野動物園の横に、世界人形館を作ろうと思っているんです。美智子妃殿下（当時）に名誉館長になってもらってね」

「大映の調布撮影所の跡地が売りに出されているんですよ。これを四億円で買って、スタジオ経営しようと思うんです」

鬼沢は言葉の接ぎ穂を失い、明らかに「躁状態」にある田宮を憂えた。さらに田宮が新しく作った事務所に招かれた際も、不可思議な看板を目にしている。

「いったい、この事務所は何に使うんだって聞いたら『柴田報国会』と書かれた看板を取り出してきたよ」

鬼沢が何のことだと尋ねると、田宮が敬愛する祖父・柴田栄三郎が、戦後に資本金百万円で作った財団法人だという。今は休眠しているが、これを復活させたいと怪気炎を上げるのだ。

こうした田宮の動きに応じたのか、一人、また一人と「詐欺師」が集まってくる。トンガの話を持ちかける者、ありもしないM資金の話を持ちかける者……。

そして五月、田宮はロールスロイスで「週刊文春」の編集部に乗り込んでいる。田宮のM資金の取材が進んでいることを聞きつけ、それを抑えようとしたのだ。取材記者の大下は、デスクだった花田紀凱とともにテーブルについている。

「僕は俳優の田宮二郎は大好きだったから、あの日の彼は『悪名』のモートルの貞そのものだったね。肩に背広を引っ掛けて威勢よく話す、そんな感じだった」

その時点では、最初にM資金を持ちかけた「竹ノ下秋道」なる人物は、すでに数千万の手付金をせしめて姿を消している。

竹ノ下は昭和五十二年十一月、田宮に会った時に、こんな甘言を吹き込んでいる。

「田宮さん、M資金は誰にでも融資する金ではありません。日本有為の士にのみ融資するのです。あなたこそ、融資を受けるにふさわしい人物です。幸い、占領下、アメリカの映画を輸入していた『モーション・ピクチャー・エクスチェンジ・アソシエーション』のプール資金が二千億円ほどある。低利であなたのためにお貸しします。催促なしのある時払いでいい。あなたは特別な方なんだから、男と男の約束です」

さらに竹ノ下は、二千億円で世界的スケールの仕事をするのだから、外国の客向けの受け皿として、迎賓館用地や高級マンションを田宮に買わせた。そして竹ノ下は姿を消し、別の男が田宮の前に現れる。

詐欺師たるもの

竹ノ下の代わりに田宮が入れ込んでいたのは、トンガ行きを吹き込んだ「チャーリー・小野寺」だった。実はチャーリーを紹介したのが竹ノ下であるから、結局は「同じ穴の狢」であった。大下は、この怪人物とも何度となく会っている。

「生っ粋の東北人なのに、いかにも二世風のカタコトの日本語を話す。僕にも『大下サン、トンガは石油がボコボコ出るネ。大下サンにもマンションの一軒くらい買ってあげるヨ』って、そんな調子だった」

チャーリー・小野寺が田宮に宛てた手紙が残されている。田宮がトンガに旅立ち、帰国した直後に届いたものだ。その宛先は南麻布に借りた田宮の新しいマンションで、堂々と「財団法人　柴田報国会」と記してある。この宛先だけで、田宮に「つけ狙われるべき匂い」が漂ってくるようだ。

以下、その手紙を原文ママに引用してみたい。

拝啓　お元気です、この度のトンガでのお仕事、本当に御苦労さまです、貴殿が帰国なさって王様も始めトンガの皆さんとても淋しそうですた、王様始めトンガの人々は田宮さんのことをとても良い人だと言っております。でも皆淋しそうな人だと言っております。

どうすて？　良い人は早く帰ってすまうの、どうすて神様は良い人をいつまでもトンガにおいてくれないのかって、皆言っています、昨日の朝のラジオでも有るトンガの女性が、(せつない想いを貴男にこめて)と言う歌をMR、吾郎、柴田にと言って一日に四度も歌っていますた、田宮さんもトンガで人気になりましたね、私も明日三十日からバアバア、ら島それからハーバイ島に参り、宝の島に七日間ほどいて本島に帰って又、王様とお会いすて、政府ともよくお話をすて、今後とも田宮さんにとっても何かとよくなるようにお話をすて、かならずお約束を守って二人で仲良くいつまでも仕事をすて参りたいと思います、お互いに一つのことから約束を守って頑張って参りませよう、私が五月中頃に日本に参るまでに何かと希望のことも考えておいて下さい。

田宮さんの帰った後でも、今も外国から多くの仕事師がトンガに見えています。

私が今のところ王様をよくおさいておきます、早く田宮さんも頑張って実行にうつすて下さい、チャンス、二度有りませんよ、

こちらの新聞に田宮さんがのっているので手紙の中に入れておきます、

では皆さんによろしく、

親愛なる友、お元気で、男は死ぬまで頑張らなくてわ、
田宮様　トンガの無法松のチャーリーより
1978年　4月29日

細かく読まなくとも、これがいかに詐欺師の気配に満ちているかはおわかりいただけるだろう。ところが、そこは詐欺師たるものだ。チャーリーはそれ以前、戦後の黒幕と呼ばれた日本船舶振興会の笹川良一とも知己を得て、ある時期までは蜜月な関係を築いていたという。チャーリーにしてみれば、学習院大学を卒業しているとはいえ、虚栄心に満ちた俳優をだますことなど、造作もないと考えたはずだ。

大下は、三十年が過ぎた今だからと念押しして言う。実は取材そのものが、田宮家にごく近い人物からのリークだったのだと。

「M資金、トンガと、このままでは田宮家が破産することが見えていた。それを防ぐために、あえて記事にしてほしいと頼まれたんです。田宮のM資金が世間的には明るみになってしまったが、雑誌が出たあとに双方でお礼を兼ねた食事会も開きましたから」

田宮の出世作のひとつであり、夫人となる藤由紀子とも共演した「黒の超特急」（昭和三十

九年、大映）という映画がある。ここで田宮は関西の不動産業者に扮するが、加東大介演じる詐欺師が、こう持ち上げて罠にはめようとする。

〈あんたは旧家の子息や、地主たちにも顔が利く。それに、男子一生の仕事は事業やと言うとるそうやないですか。大丈夫ですよ、三星銀行もついております〉

まさに晩年の田宮が幾多のペテン師たちに囲まれているかのような〝暗喩〟である。田宮は「白い巨塔」の財前や、「華麗なる一族」の鉄平に殉じた死に方をしているが、事業欲に関しては「黒の超特急」に感化されたのだろうか――。

さて大下は田宮の最初の訪問から、四日間にわたって取材を重ねる。というより、田宮の「壮大な計画」の聞き役に回った。

ある日、夜中の三時に田宮から電話が入った。

皇太子殿下（当時）に謁見し、トンガ国王に招かれた話をすると「柴田君（田宮の本名）、しっかり頑張りなさい」と言われたというのだ。

大下は思った。田宮は殿下と同じ学習院大学の二年後輩だから、もしかしたら誰も知らないパイプがあるのかもしれない。話の真偽はわからない。ただ、自分の旺盛な事業展開を美化して書いてほしいという「含み」は内包している。

女優山本陽子

実はこの時期、田宮の怪しげな振舞いや愛人疑惑については、男性誌だけでなく、女性誌も追っていた。ところが、取材が進むにつれ、不可解なストップがかかるということも何度かあった。

二人のマネージャーを従えてソファーにふんぞり返る田宮は、大下に豪語した。

「女性週刊誌のTという記者が僕のところにやって来て、僕と女優の山本陽子さんとのことを記事にした。表紙にも刷り込んでいる。大日本印刷で輪転機も回っていて、五十万部を刷る予定だ。今すでに八万部を刷っているから、もし止めてほしかったら、これまで刷った本の金だけでも弁償しろと言うんだ。すぐに大日本印刷の社長に電話をかけてね、僕はあそこの社長とは友人だからね。そしたら、そういうものは刷られていないと言うんだ」

田宮は同じような調子で、警視庁の幹部も、銀行の支店長も、内閣調査室のメンバーも、誰もが田宮の意のままに動くというようなことを示唆した。明らかに躁状態であることが見て取れた。

田宮が話した女性誌とは「週刊女性」だった。田宮二郎とM資金、不可解な事業、そして山本陽子との奇妙な関係について取材を重ね、裏取りを済ませ、最終確認のため田宮本人と会った。と言うより、編集部員は田宮本人から直接電話で呼び出され、彼が指定する赤坂のホテルニュージャパンの部屋まで来るように、と命じられた。

取材の中で「記事を止めろ」「いや止められない」というやり取りが田宮とあったが、「止めるんだったら刷った本の費用を弁償しろ」というそんな陳腐な話はなかった。それより田宮は明らかに躁うつ状態で感情の起伏が激しく、危険を感じる異様な言動が目立ったため「週刊女性」はいったん記事をペンディングすることにしたのだという。

一方、田宮の意に反し、「M資金にのせられた田宮二郎の誤算」という記事が「週刊文春」に出たあと、大下は母親から電話をもらう。

「あんた、何したん？　テレビで『大下にはめられた』って田宮さんが言うてたよ」

その当時、司法書士の相馬計二もまた、田宮家を守るべく奔走していた。弁護士の田宮甫(注、田宮の芸名と同姓だが偶然である）とともに、設立当時から「田宮企画」の顧問を務めた人物である。

「私は法務実務担当として、法人登記や不動産取引のお手伝いをしてきました。たしかに田宮さんに近づいて儲けようとする連中はいたが、私と田宮甫先生、それに幸子夫人もしっかりした方だから、金銭的な実害などありません」

相馬は田宮を「吾郎ちゃん」と呼ぶことが多かった。凛々しい俳優ではあるが、二歳上の相馬に甘えてくることもあったからだという。

「躁状態の時は飛行機をチャーターしたり、トンガに行ったり、インチキな人間にだまされようとした。でも重ねて言いますが、幸子さんのような賢くて度胸のある人がいるんだから、そうはさせない」

誰もが幼い子供が二人もいる田宮家を案じた。そして田宮二郎という類いまれな資質を持つ俳優の復活を願った。

そんな愛され方をする田宮は、どんな役者だったのか。ジェームス三木は、田宮のこんな言葉を聞いている。

「家に帰っても、表も裏も《田宮二郎》なんだよ」

それは、田宮の矜持であるとともに、思いがけない落とし穴を招いてしまう「間違った美意識」でもあった。

「もしもし、警察でしょうか？　田宮と申しますが、家に妻がいないので見てきてもらえませんか……」

田宮二郎は海外のロケ先から一一〇番をかけ、そう懇願した。田宮はどんな撮影先であろうと、必ず幸子夫人に電話をかけ、手紙を送る習慣を持つ。それがある日、たまたま夫人が電話に気づかず、心配した田宮が捜索願いを出したというのだ。ほどなく笑い話で済むものの、夫人への深い愛情を表すエピソードである。

また、酒が飲めない田宮が「大関酒造」のCMに決まった時は、酒豪で鳴る夫人が枡の持ち方などの所作を指導した。芸能界きってのおしどり夫婦、二人は常にそう呼ばれていたのだ。

そういえば、あれだけの二枚目スターでありながら、田宮には長らく女性関係の艶聞がなかった。田宮は常々、生涯に惚れた女は二人だけと公言している。一人は独身時代に知り合った女性だったが、早くに亡くなった。そしてもう一人が幸子夫人だときっぱり言う。

家庭内でも、およそ女性問題で口論というものが存在しない理想的な環境だったのだが──、

週刊女性のネタ元から入った奇妙な現実は昭和五十二年十二月に始まる。

南麻布一丁目に地下一階、地上三階の白亜のマンションが完成する。新聞に折り込み広告を出した翌日には、田宮が101号室と201号室の2LDKの部屋を二戸、即日で契約する。

「週刊女性」が当時のマンション設計施行業者や管理会社に裏取りをしたところによれば、十二月十七日には山本と田宮が連れ立って下見に来る。山本は部屋を気に入り、田宮は「衣装ルームの改装」や「盗難予防装置」「ベランダの特別注文」など、不自然な改装工事を指示した。

そして山本が201号室に、田宮が101号室に居を構えると決めた頃、田宮は盟友にその

ことを告げる。

「実は、この事務所の二階に僕の尊敬する人が住んでいるんです」

芸能レポーターの鬼沢慶一は、田宮の奇妙な謎かけを聞く。はにかんだような、もったいつけたような表情だったと記憶する。

「誰なんだ、男なのか、女なのか?」

「それが……女優の山本陽子さんなんですよ」

鬼沢は、まさかと思った。田宮が新たに購入した事務所用のマンションは南麻布で、自宅は元麻布にある。徒歩でも数分で通える距離に、世間で「愛人」と噂される女優を同居させてしまうのかと。

そもそも、山本の話を切り出す前も「柴田報国会」や「トンガでウラン採掘」など、およそ現実性の乏しい話ばかり重ねているじゃないか……。

鬼沢は、できれば冗談であってほしいと願った。しかし数日後、たまたま近くを通りかかると、ジーンズ姿で買い物に出かける山本の姿を発見してしまう。

201号室の登記は、明らかに田宮自身のものであった。昭和五十三年二月二日に登記は完了している。

田宮はそのことについて週刊女性の取材を受けると、きっぱりと否定した。

「マンションには山本さん本人ではなく、彼女のお兄さんとご両親を住まわせたんですよ。家族の方が方位学に凝っていらして、今住んでいるところは場所が悪い。三カ月ばかり場所を変えたい、ちょうど麻布あたりがいいんだが……とおっしゃるので、お貸ししただけなんですよ。ちゃんと家賃もいただいていますよ」

誰も信じないような詭弁であろう。だが、奇妙な現実はまだ続く。田宮が101号室に移ってきたのは三月に入ってからだが、三月十七日の夜中に山本は忽然と201号室を引き払った。山本陽子にとって三カ月ばかりの住まいだったが、田宮が言った「家族との同居」はいっさいなかった。

一種のカモフラージュであったのか、それにしては高い買い物であったことは間違いない。

さかのぼること三年前、田宮は「白い滑走路」（TBS）で高い視聴率を誇っていた。颯爽としたパイロット姿の田宮の傍らには、そっと寄り添う山本の姿があった。まだ中学生だった筆者は、ドラマの中で二人が激しいキスシーンを演じているのを見たことがある。夜九時台のドラマと思えぬ生々しさは、子供心にも、ただならぬ仲であろうことを感じたほどだ。

同作に脚本家として関わったジェームス三木は、海外ロケのたび厳しい注文を出す田宮の姿を知る。どんな一流ホテルだろうと、そこは、山本が泊まるにふさわしい部屋なのかをチェックした。

田宮のほうが年上で、役者としても格の違いがありながら、田宮にとって尊敬に値する女性だった。それは女優に、どこかシャーマン（巫女）の気配を感じたからであろうか。

それほど当時の田宮は、精神的なバランスを欠いていた。俳優よりも事業のほうに意欲を見せ、それが災いしてM資金など多くの詐欺話にだまされる。

結果、俳優業に専念してほしい幸子夫人とは亀裂が広がっていく。別居に踏みきり、土地の権利書などを巡っての争いも続いていた。夫人に黙って田宮は、「田宮企画」の代表の座を夫人から実兄の柴田栄一にすげ替えた。

長男の柴田光太郎は、のちになって父の心境を思い描く。

「別居状態が続いて、家庭のぬくもりを求めたんだと思います。父も精神的に弱くなっており、誰かそばにいてほしかったんでしょう……」

ただ、夫人も元女優であるだけに、そんな関係を見逃さず、また看過できないことは明白であった。

対決

けたたましいベルが鳴り響き、鬼沢は田宮からの切なる声を聞く。

「助けてください！　家内がフジテレビに乗り込んでいきました」

「いったい、どうしたって言うんだい？」

「いや、山本陽子さんとの関係がバレまして。ちょうど彼女がフジでドラマの収録をやっておりまして。もしかしたら包丁を持っていったかもしれません」

田宮の狼狽は激しく、みずから事態を拡大しているかのように聞こえた。鬼沢は、まさか、あの賢夫人が刃物を持ち出すことなどないだろうと思いつつ、フジテレビへ駆けつける。

するとそこには、たしかに幸子夫人と山本がいた。多くは語らないものの、激しく言い争ったであろうことは容易に推測できる。当時、田宮は「白い巨塔」の撮影を重ねており、同じフジで山本もドラマを撮っていた。

そして結末はあっけなく訪れたと鬼沢は言う。

「田宮の口から彼女の名を聞いたのはそれが最後だった。たぶん、きっぱり別れたんだろうね。それから数カ月後に電話をもらった時には、一切、そんな名前は出なかったから」

田宮にすれば、たしかに清算は済んでいた。

だが、田宮の死から四年が経ってもなお、山本は田宮を慕い続けていたという。それを明かしたのは作家の宇野千代で、毎日新聞の「生きて行く私」という随筆に、山本が田宮のために香を焚く香炉を買ったことを書いたのだ。

宇野が山本の着物をデザインしたことから交際が始まり、山本を宇野の郷里の山口県岩国に連れて行った。骨董品の好きな山本のため、街の古道具街へ案内すると、白磁の小さな香炉を買った。宇野が「その香炉、何にする気？」と聞くと山本は答えた。

「田宮さんのために、これで香を焚くの」

宇野はこの項を以下のように結んでいる。

〈ずっと以前に、芸の行き詰まりを感じて自殺した田宮二郎に、彼女が想いを寄せられていたことを私は知っている。この岩国の古道具街で見つけた、小さな白磁でその人のために香を焚くとは、何という美しい話ではないか〉

清廉な関係であれば、そう言えただろう。

すべての崩落につながる

さて話を戻すと、かつてのエリート俳優らしからぬ失態は、本業においても見受けられる。死の前年の昭和五十二年、田宮の映画公開としては遺作になる「イエロー・ドッグ」（制作は昭和四十八年）に関しても同じだ。田宮は日英合作のアクション作品に対し、主演はもちろんのこと、億単位の制作費を捻出するほど入れ込んだ。

それがようやく配給が決まり、自宅に二十五人ほどの関係者を招いて試写会を開いたのである。その中の一人が、新進の映画評論家として売出し中のおすぎだった。おすぎは、初対面ながら、かつて「悪名」で輝きを放っていた田宮とは別人のようだと思った。芸能人の艶は失せ、まるで実業家のようだと驚く。

やがて試写が始まると、おすぎは憤怒にかられた。ヒーローでもなければダーティでもない、単にみじめなだけの主人公。脚本にも締まりがなく、ラストも判然としない。上映後の懇談会で、おすぎは堂々と田宮を面罵する。

「あなたは何て人なの？」

気色ばんだ田宮が問う。おすぎは自分の名前と肩書きを告げ、率直な感想を述べた。すると田宮は落ち着きを取り戻し、どこがいけないかを聞いてくる。

「いわゆる『夢オチ』のような都合のいいストーリーだったのね。妄想だったら映画は何だって作れる、それは卑怯よって言ったんです。あの頃の田宮さんは、すべてが空回りしている印象でした」

主演俳優による自宅試写会というアイデアは秀逸だが、それを取り上げる媒体は驚くほど少なかったという。そして映画は惨敗し、田宮には莫大な負債だけが残された。それは、すべての崩落につながる決定的な出来事であった――。

田宮の異変が顕著になったのは、死の前年の昭和五十二年からである。何度となく書いてきたが、躁うつ病を発症し、振れ幅の大きな行動を繰り返す。

たとえばドラマで共演したハナ肇には、ゴルフ練習場で偶然に会った際に、田宮が周囲を見わたしながら言った。

「実は今……命を狙われているんです」

田宮を兄貴分と慕っていた俳優の小野ヤスシは、フジの廊下で正面からすれ違い、にこやかに声をかけた。田宮の視線もたしかに小野をとらえているのだが、何歩か通りすぎる。ようやく、気づいたかのように「ああ、小野ちゃん」と力なく答える。

小野は「白い巨塔」という大作に集中しているせいかと思ったが、それにしても感情の機微がまったく見えない。

小野は、自身の苦い痛みを思い出した。

「僕が前の女房と離婚した際、テレビで加藤茶となべおさみが『あいつは安っぽく別れたんだよ』と笑いながら言ったんですよ。それを田宮さんがテレビで見ていたらしく、局で会った加藤に『おい加藤、何も事情を知らないくせに離婚を冗談で言うな！』と怒鳴ったんです。なべに対しても同じことで説教した。僕は田宮さんに直接、離婚の相談をしていたから、それもあ

◉人気俳優「田宮二郎」としての矜持が思いがけない落とし穴を招いてしまった。

って憤慨されたんでしょう」

かつての激情にあふれた正義感を思えば、あの日の田宮は暗い淵に沈んでいるかのようだった。そしてそれが田宮と会った最後の日となった。

ふと思う。田宮は関わってきた組織でも、演じた役柄でも、常に「死生観」と向き合ってきたのではないかと。たとえば田宮が俳優として育った大映は、実は驚くほど命を絶った者が多い。怪優として知られた大辻司郎は昭和四十八年に借金苦で首つり自殺をする。同じく個性派の丸井太郎はテレビ「図々しい奴」で大人気となるも、五社協定を盾に映画へ戻される。ただし、飼い殺しの状態が続いたため、昭和四十二年にガス自殺を遂げる。かつて、田宮を映画界から追放した「五社協定」の最初の犠牲者だったのである。

さらに田宮とも親しかったという新進の女優が、理由は不明ながら若い命を絶った。またテレビの世界でも、田宮を「白い滑走路」に抜擢した中井景プロデューサーが、田宮と前後して焼身自殺を図っている。

役柄としては出世作の「悪名」の続編にて、チンピラに刺されて絶命する名場面に始まる。ドラマでの最初のヒット作となった「白い影」では、外科医でありながら病魔に蝕まれる役で高い評価を得た。さらに、自身の役にはならなかったものの、壮絶な猟銃自殺を決行する「華麗なる一族」の鉄平、そして役柄と一体化した「白い巨塔」の財前五郎と続く。

こうした〝死の連鎖〟をどこかで察知したのか、長男の光太郎は田宮が愛用する「クレー射撃用散弾銃上下二連式」を持ち出そうとしたことがある。田宮が躁状態から重度のうつに転じた昭和五十三年の夏だった。

「殺傷能力のあるものが自宅にあるということがイヤだったんです。銃を持ち出して『こんなものを置いていてはダメだ』って叫んだんです」

以来、光太郎は自宅から銃が消えたと思っていた。しかし、同年の十二月二十八日午後、その銃声が日本中に響きわたることになる――。

第六章 1978・12・28

潔い死に方とは

ひとつの〝伏線〟がある。田宮は昭和五十年に公開された「華麗なる一族」の万俵鉄平をやりたいと制作会社に申し入れ、さらには原作者の山崎豊子にまで直談判した。

すでに書いてきたように鉄平の役は仲代達矢に決まり、田宮には万俵家の娘婿・美馬中の役が与えられた。それでも田宮は、山崎との対面で鉄平について意見を聞いた。

「鉄平の死に方は、純粋で男らしく、壮絶ですね。猟銃の引き金を足で引いて、至近距離で撃てば、顔がつぶれないというのは本当ですか？」

鉄平は雪山の中で松の木の幹に座り、引き金を引く。田宮の問いに、山崎はハッとしたように答えた。

「実はあの場面、最初はあごの下に銃口をあて、足で引き金を引くと、鉄平の顔がザクロのように砕け散ったと書いて出稿したのだけど、どうも気になって、大阪府警本部の鑑識課へ取材に行くと、あごの下の至近距離で撃った場合は、弾はすぽっと頭を抜けて、後ろの松の木の幹にあたって弾けるのが普通ですよと教えられて、あわてて原稿を書き直した」

この言葉を聞いた田宮の目が輝いた。

「そうですか、あごも顔も砕けないで、弾はすぽっと抜けるのですか、美しい死に方ですね」

感じ入るような話し方だったという。鉄平役を演じることはかなわなかったが、田宮は自身の最期において「潔い死に方」を完璧に演じることができたのだ。

男は、いかなる日にみずからの生命を絶とうとするのだろうか……。田宮二郎の壮絶な死には、借金苦、愛人、躁うつ、頭髪の悩みと、すべての男たちに「ありうるかもしれない」要素が含まれていた。激烈に生きてきた《田宮二郎という名の生涯》は、負の積算だけでなく、俳優としての燃焼感も合わさり、静かに幕を閉じる――。

お母さんが本日入院しました。なお僕も死を選びます。何を語っても僕の生きる方法はないと思います。許して下さい。

1978・12・28

几帳面な田宮二郎は、その日、最後の日記を綴っている。日付まできちんと記入し、誰に宛てるともなく詫びの言葉を入れている。

同じ年の秋、当時、大人気だったＴＢＳの「ザ・ベストテン」では、世良公則＆ツイストの「銃爪」という曲が1位を独走していた。銃に爪と書いて「ひきがね」と読ませるのは世良公則の造語だが、田宮が自身で銃爪（ひきがね）に足の指をかけたのは、どのような経緯をたどってのことだろうか――。

同年九月十四日、田宮は一カ月半のアメリカ旅行から帰国した。田宮は全三十一話からなる「白い巨塔」（フジテレビ）の撮影が佳境だったが、長丁場なので中休みを取った形だ。

旅立つまでの田宮は躁状態にあり、実現不可能な事業計画を口にしては、詐欺師たちに言われるがまま大金を注ぎこんでいた。それが日本を離れ、重度のうつ状態になって帰ってきたことで一変する。

知的で、クール・ガイと呼ばれた男は、熱に浮かされたような日々を恥じた。出迎えた幸子夫人に「疲れた、もう死にたい」と洩らしている。

ほどなくして田宮は、芸能レポーターの鬼沢慶一と毎日新聞社の社屋にあるレストランで会った。個室の中で田宮は、大きな体を丸めて涙にくれている。

「ひどいもんだった。田宮は『俺はもうダメだ、自分がこんなに日本国のことを思っているのに誰も信じてくれない』って、しぼんじゃっている。ところが、廊下からウエイトレスの足音が聞こえると背筋が伸び、ノックされると『どうぞ！』って颯爽と田宮二郎になるんだ。で、いなくなったら再び身をかがめるような状態でね」

田宮は、九年間も続けてきた「クイズタイムショック」（テレビ朝日）の司会を帰国と同時に降り、俳優の山口崇に譲る。クイズ参加者に向かって笑顔で対応することなど、不可能になっていた。

ただし、自身の代表作である「白い巨塔」は、まだ多くの撮影が残っている。極度のうつ病でセリフが頭に入らず、プロデューサーの小林俊一に何度も泣きつきながら、それでも集大成の撮影に向かった。

外科医でありながら、がんに侵される場面には、三日間の絶食で臨んだ。臨終のあとに解剖室へ運ばれる場面では、ベートーヴェンの「壮厳ミサ曲」を流してもらい、ストレッチャーの白布の下にもエキストラを使わず、自らが乗った。

誰が乗っても同じかと思われながら、だが、今も観ることのできるＤＶＤの画面には、大柄ゆえに明らかに田宮の頭頂部が見て取れる。やはり、田宮は細部にわたって財前五郎になりきろうとしていたのだろう。

「最期の場面は、白布の下でちょっと震えていたような気がする。もしかしたら田宮さんは泣いていたのかもしれません」

小林は、田宮の演技の凄さに、太地喜和子や山本學ら名優たちが引っ張られたと田宮に告げた。放映を観た誰もが息をのむものであり、演技を超えた域にあった。

それは、日本のスポーツ劇画の傑作である「あしたのジョー」（原作・高森朝雄／作画・ちばてつや）のラストと酷似している。バンタム級王者のホセ・メンドーサと、矢吹丈との壮絶なタイトルマッチが描かれるが、状態としては田宮も同じである。

ジョーと対戦したメンドーサは、すでに死んだも同然のはずのジョーが、なぜ、十五ラウンドまで立ってパンチを繰り出しているのかと恐怖を感じる。幽鬼のような表情のジョーは、すでに死んでいるのではないか。では、俺は誰と戦っていることになるのか——。

メンドーサは試合には勝利するが、恐怖のあまり、髪がすべて白く変化する。そしてジョーは「真っ白に燃えつきた」とつぶやき、微笑をたたえて静かに目を閉じる。

絶賛された「白い巨塔」の最終回だが、その冒頭で財前は愛人のケイ子とともに、大阪湾の埠頭にいる。控訴審のことなどを語りかけるケイ子に対し、いよいよ財前の——端的に言うならば田宮二郎の視線は宙を泳いだままだ。ネット社会の、いや、それ以前にＶＴＲが発達した'80年代以降ならば、瞬時に「放送事故」と呼ばれかねない危険な表情である。

振り返ってみれば、重度のパンチドランカーだった矢吹丈と同じく、田宮も抜け殻の状態にあった。それでも、死力を振り絞って自身のがんを知る場面や、臨終シーンに臨むことになる。極限を超えた田宮の精神状態は、皮肉にも財前五郎の末期と見事に波長を合わせることになり、日本のドラマ史上に例のない「シンクロ」という効果を結果的にもたらした。

財前五郎の没後、里見脩二に宛てた遺書が見つかった。里見と財前は学生時代からの親友でありながら、裁判では原告側の証人と被告という立場で敵味方になり、里見には地方の大学へ左遷（ただし、里見はこれを拒否して浪速大学病院を辞職）という厳しい処置が取られた。

どこか田宮自身の遺書にも思える内容はこうだ。

里見脩二様

君の忠告に耳を貸さず、俗事にとらわれて自身の内臓を侵しているがんに気づかず、早期発見を逸し、手術不能のがんで死ぬことを、がん治療の第一線にある者として、今深く恥じる。

それ以上に医学者としての道を踏み外していたことが恥ずかしくてならない。しかし、君という友人のおかげで、死に臨んでこうした反省ができたことはせめてもの喜びだ。

あの美しいバラ（注・愛人のケイ子が見舞いに持って来たが、名前も告げないようにと里見に託した）は、病状を慰めてくれた。ああ、母をよろしくと伝えてください。

僕の遺体は大河内先生に解剖をお願いしてください。

後進の教材として遺体を役立てていただくことが、医師の道を踏み間違えていた僕の、教授としてできるただひとつのことです。

君の友情をあらためて感謝します。


ストレッチャーに遺体として運ばれたことも、自身を深く反省する遺書を残したことも、まるで予行演習のごとく田宮は実践したのだ。


十一月十五日、すべての撮影が終了し、田宮は共演者に何度もありがとうと告げる。そしてオフに入り、夫婦仲を回復させた夫人と温泉へ出かけた。少しずつではあるが田宮の顔に生気が戻ってきた。

十二月二十四日、長男の柴田光太郎は新潟へスキー合宿に出かける。家族の見送りを受けながら、こうしてスキーへ出かけられること自体、父の病状が快方に向かい、家庭が再び芽吹いたと信じていた……。

日記と八通の遺書

十二月二十五日、田宮は小林プロデューサーと太地喜和子の三人で食事をした。小林の行きつけである六本木のレストラン・バー「プランテーション」で、クリスマスのディナーコースを注文する。

そこで田宮は開口一番、小林に告げた。

「実は『白い巨塔』が終わってから、寝てばかりいるんですよ」

小林も太地も、さほど深くはとらえなかった。絶命するシーンに備えて三日間も絶食するような気構えを見せた田宮である。クランクアップから四十日が経とうとも、疲れは残っているだろうとねぎらった。

だが、田宮の言葉は陽気な席でありながら、徐々に重たくなってゆく。

「財前五郎を正・続編やって、ライフワークの仕事だったと実感しました。あんな大きな役をやってしまうと、あとは何をやればいいかわかりません。まあ、しばらくは温泉へでも行って静養します」

太地がすぐに気を利かせ、親交のあるヴァイオリニスト・佐藤陽子のコンサートの切符をあげるから一緒に行こうと約束する。いったんは了承した田宮だが、翌日、丁重に断りの電話を入れた。

まだ茫然自失に見える田宮に、小林はにこやかに言う。

「しばらくはゆっくり休んで、それから次の企画を考えましょう。その時は私もご一緒させてください」

田宮は「もちろんです」と笑顔を見せたが、再び、演じ終えたばかりの「財前五郎」に話が戻ってゆく。

「今回の共演者は適材適所で、いいキャスティングをしてくださったこと、とても感謝しています」

小林も太地も、それは田宮のボルテージの高い演技に役者たちが引っ張られたからだと声をそろえた。その店で三時間が過ぎていたが、上機嫌になった田宮は「もう一軒、行きません?」と何度も誘って来た。

小林が太地のほうを見ると、首を横に振った。それは「明日が早いから」という太地の答えだった。

タクシーを呼び、田宮を先に乗せると、田宮は窓から身を乗り出していつまでも手を振っていた。太地は「あの日の五郎ちゃん、ずっとさびしそうだったわ」と田宮の没後に小林に告げている。

翌二十六日、田宮は夫人を伴いフジテレビを訪れる。完成した「白い巨塔」の最終回の試写を観るためである。田宮が演じた財前は、教授選挙、医療裁判、学術会議会員選挙立候補と、休む間もなく翻弄され、気がつけば手術不能の胃がんに蝕まれていた。親友である里見脩二の「どうしてもっと早く休養し、診断しなかった」という忠告に対し、財前は慟哭する。

「気づくのが……遅かった」

それは田宮と財前が渾然一体となり、吐露したセリフのようだった。実際、躁うつが深刻になってからの田宮は、鬼沢や美輪明宏に電話をかけては「もう遅い」という言葉を何度も口にしている。思えばその時期から、死への旅立ちを計っていたのかもしれない。

田宮は財前の死を見届け、感無量の面持ちで言った。

「いい出来だ、役者冥利につきます」

その後、ＦＮＳ（フジ・ネットワーク・システム）のチャリティに五十万円を寄付し、翌年もフジでドラマを撮ろうと上層部と約束する。その表情には、何ひとつ暗い影は見えなかったという。

そして十二月二十八日、田宮は元麻布の自宅にいた。家族の仲は平穏になっていたが、次男の受験もあり、妻子は南青山で別居の形を続けていた。

田宮は義母である幸子夫人の母親と暮らしていたが、義母の持病の腸捻転が再発し、近くの病院へ付き人が入院させる。このことが瞬時にして、田宮の精神的な病状を元に戻したと長男の光太郎は言う。

「祖母が倒れたのは持病の腸捻転に食べ物が詰まったからなのに、父は自分のせいだと怯えてしまったんです。その誤解が、次々と悪い偶然へ重なっていった」

午前十一時、田宮は自身の事務所である「田宮企画」へ電話をかけ、夫人が来ていないか聞いた。夫人は暮れの支払いや買い物もあり、たまたま到着が遅くなってしまった。

しかも、夫人が戻ったら電話をするようにという伝言を、うっかり誰かが伝えそびれている。もし、夫人と早い時間に連絡が取れていたなら……。

午前十一時三十分、田宮はマネージャーに赤坂の仕出し弁当屋へ弁当を買いに行かせた。誰もいなくなったところで田宮はひげを剃り、覚悟を決めた。机の上には冒頭の日記と、夫人や弁護士、知人らに宛てた八通の遺書を並べた。

そして午後一時頃、マネージャーが帰宅すると、田宮に特に変わった様子はなかった。その直後、愛用のクレー射撃用の上下二連式の散弾銃を抱えてベッドに横たわり、足の親指で撃ち抜く。弾倉には二発の銃弾が用意されていたが、最初の一発が心臓を貫通し、ほぼ即死の状態だった。

午後一時四十分、お茶を沸かして二階に上がったマネージャーによって発見され、三十分後には警視庁に「田宮自殺」と入電される。テレビでもすぐに速報が流れ、田宮邸の前は報道陣と野次馬でごった返した。

午後二時、まったくの偶然だが日本テレビでは、田宮が主演した映画「花と竜」（昭和四十八年、松竹）の放映が始まった。映画界を追われてテレビに進出した田宮だが、不思議と日テレだけは縁がなかった。まさか、最期の瞬間に全民放を制覇しようとは皮肉なものである。

田宮二郎、四十三歳のあまりに短い人生が尽きる。

妻が語る「死、その瞬間」

女優・藤由紀子こと田宮の未亡人である柴田幸子は、冒頭にも書いたように、あまりの衝撃に、一切を封印することを決めた。死の直後の会見こそ気丈にこなしたが、すでに芸能界を引退していることもあり、以降はメディアに出ることを避けていた。

だが、田宮の死から四十年が経ち、わずかに心境の変化が訪れた。田宮の死に至る日々について は第一章で記したが、より生々しく「死、その瞬間」について――それが以下になる。

田宮にとって幸子夫人は、妻であり母であり、姉であり妹であり、親友であり恋人であり、そしてビジネスパートナーだという思いが常にあった。

それが田宮の精神状態から一時は袂を分かち、熾烈な戦いを繰り広げることになる。田宮は莫大な金を怪しげな事業に注ぎ込んだため、夫人から実印を奪おうとする。いや、そればかりでなく、思いのままになるようにと「田宮企画」の社長の座を、夫人から実兄の柴田栄一に移行させたこともあった。

あるいは命の危機すらも覚悟したことがあったが、田宮が躁状態を脱してうつに入ると、やはり頼れるのは夫人だけだった。怪しげな詐欺師たちとも縁を切り、躁うつ病の治療にも前向きに臨むようになった。

それを象徴する瞬間があったと夫人は言う。

「多くのものを失ったけど、命は助かって戻ってきたのだから、よしとしようと思ったんです。そして田宮としみじみ、お互いの思いを述懐しました。ようやく訪れた夫婦の会話に、わずかながらも安心感を持ってくれたようでした」

ある日、田宮は夫人に「見せたいものがある」と屈託のない笑顔を見せた。夫人が振り向くと、手の平を広げて田宮は言った。

「薬は飲まないで大丈夫だよ」

五日分の五錠の薬を夫人の前に差し出した。以前のように薬を「毒を盛られた」と言って拒否するのではなく、飲まなくても回復しているという意思表示だった。

夫人は思った。持ち前の精神力の強さが、予想外に回復を早めているのだろうかと。その小さな奇跡を夫人は、大はしゃぎして喜んだ。

「すごい！　すごい！　でも無理はしないでね。絶対に治るからね」

そう喜び合い、最後となる夜を迎える。十二月二十七日のことだった……。

翌十二月二十八日、夫人は年末ということもあり、朝十時に支払いの件で銀座に人に会うことになっていた。昼までには戻るからと告げると、田宮はどこまでも優しい笑顔でうなずき、安心して眠りについていてくれたようだった。

夫人は用件を早めに済ませ、その日が「田宮企画」の仕事納めであることから、スタッフの労をねぎらうため、立ち寄った。

すると、田宮からひっきりなしに電話があったという。

「ほんの五分前まで鳴っていて、三分置き、一分置きというように間隔も短くなっていたと聞きました。私はただならぬ予感がして、すぐにマネージャーとともにタクシーに乗って家に戻りました」

寝室の扉を開けると、田宮が横たわっている。体は熱く、布団の中も熱い。顔はほほえんでいて、いつもの田宮のいい香りがした。

「呼べばすぐに起きてくるとしか思えない。すぐに救急車を呼ぶと、五分で駆けつけるということでしたが、その五分は、三十分にも一時間にも感じられました。何度も何度も二階の窓から身を大きく乗り出していました。思わず『早く！　早く！』と叫びたいくらいでした」

救急隊員がやって来たが、夫人の目には、その動きがひどく悪いものに映った。いや、田宮を運ぶことなく引き揚げるような素振りにすら見えた。

夫人は怒鳴った。

「なぜ早く運ばないの！　なぜ！　早くして！　あなたたちに何がわかるというの！　急いで病院に運んで！　医者に診せれば助かることがわかるでしょ！　早くして！」

一刻を争うと思い、夫人は激しく取り乱した。やがて警察もやって来たが、すぐに首を横に振る。もはや、即死の状態であるという意思表示だった。

夫人はなおも大声で叫んだり、詰め寄ったりもした。刑事のうちの一人が書斎に入っていこうとするので、「何やってんだ！」と怒った。そのイライラは、頂点に達していた。

刑事たちは夫人を別室に呼んだ。ハッと我に返った夫人は、二名の刑事を押しのけて寝室に戻った。

この時点で夫人は、田宮の死をようやく受け入れる。それならば、一刻も早く田宮のそばに寄り添っていたいと思った。

「出て行ってください！　早く出て行ってください！　二人きりにさせてください！」

自分でも八つ当たりであることはわかっていたが、そう叫ばざるをえなかった。ただ、そう言われて刑事たちも姿を消すわけにはいかない。田宮の死に、もしかしたら夫人が関与しているかもしれないという疑いは、当然ながら持たれる。

落ち着きを取り戻した夫人は、しかし、激しく動揺する。

「田宮の人生は完結したのだと……そう思った瞬間、全身の力が抜けていました。呆然として、言葉もなかった。田宮の遺体を見て、このまま寝たきりでもいいから、ここにいてほしいとさえ思いました」

夫人は、答えるはずのない田宮を、体を揺すって激しく責めた。

「何で待っててくれなかったの！　生きると決めたんじゃなかったの！」

残された八通の遺書は、それぞれに心を込めて書いてあった。もちろん、夫人に対しては、誰よりも深い愛情で綴ってある。それは、こんな文面であった――。

遺書

我が一生涯愛を捧げる妻、柴田幸子へ
　富士山の光が目の前一杯に拡がってゆきます。
生まれて初めて、胸が踊った僕の心を幸子は察してくれたのだろう。
いくつかの難問をのり越えて、二人は神前に夫婦の絆を誓い合った。
今も僕は倖せ一杯だ。

英光と秀晃に、二人が成長すると共にその頃の記憶を、
折りあるごとに、伝えて欲しい。
若いから東京と京都を毎日往復出来たのだろうか。
違う、あれがひとつの愛の表現だった。
体力と愛が、細い細いところまで幸子に僕の全てを捧げたのだろうか。
いや今でも僕はそれを意識の中でいつでも出来るような気がする。
気がするどころか、あなたの、あのこぼれるような笑顔のためなら、

何度でも繰り返せると信じている。

かごに一杯のリンゴが、目の前に積まれた時の感激を忘れない。
僕は結婚以来、がむしゃらに働いた。
経済的に誰にも不安を与えたくなかったから。
本当は素朴なあたたかい生き方もある筈なのに、
それを知りながら、働くことしか生き甲斐を知らない人間になって行った。

いま、僕に何の趣味があるだろうか？
自分と幸子とを結んでいるものを、またあの笑顔で、
あるときは、おかしいほどの生真面目さで、
手を組んでゆけるほどの連帯感を生むものがあるだろうか？
すぐに答えられない恥ずかしさしか残らない。
いつもいつも小心なくせに、つっぱって、つっぱって、生きている僕の姿。
それをはらはらしながらなんとか応援しようとしている幸子の姿、心、思いやり、
世の中に、大声で叫びたい。誰の存在も不要なのだ。

幸子と英光と英晃さえあれば、何も不要なのだと叫びたい。事実のとうり叫びたい。

一緒に歩けば何も恐しいものはない。そう思うと勇気が湧いてくる。

幸子は聡明で力強く、それでいて最も虚飾のない女らしい人だと僕はようやく解った。

十二月一日の夜、青山のマンションから、僕が、麻布に戻る時、

「ひとり置いてゆかないで！」と幸子は云った。

涙をふきながら、そう云った幸子の顔は、いままでに見せたこともないものだった。

「もちろんさ！」と僕は答えた。

しかし、心の中をみすかされた僕はあなたの左手をギュッと握ることしか出来なかった。

もう自分でもとめることは出来ないところへ来てしまった。
生きることって苦しいことだね。死を覚悟することはとても怖いことだよ。
四十三才まで生きて、適当に花も咲いて、これ以上の倖せはないと自分で思う。
田宮二郎という俳優が、少しでも作品の主人公を演じられたことが、
僕にとって不思議なことなのだ、そう思わないか？
病で倒れたと思ってほしい。事実、病なのかもしれない。そう思って、諦めてほしい。

英光そして英晃は僕の片鱗を持っている。

僕と幸子の血を受け、僕の姿の一部を持っているあの可愛い、
二人を僕だと思って愛してやって欲しい。あなたの心を与えてやって欲しい。

二人の子供は、僕以上に、あなたを倖せにしてくれる筈だ。僕はそう信じる。

それからお母さんを大切にして上げて下さいね。

僕の食事からいろいろ案じて貰った。このことは感謝に耐えられないことだ。

僕に寄せられた少数の人の厚意は、そのまま、幸子と、英光と、英晃に向けられると思う。

また、どうか、向けて欲しいと心から願っています。

死は全てを解決するものではないけれど、無を等しくするものです。
十字架を背負って、歩む自分の姿を思う時、
死が、全てから切り離され、
肉親である幸子と英光、英晃が、僕の面影を折にふれ、
親しみ合ってくれればもう僕は満足なほほ笑みを空間の中からあなたたちに返礼します。

この本一杯に、文章を書くつもりでした。
でも書けば書くほど、幸子の悲しみと僕自身の悲しみが増すばかりです。
最后に夫婦の契りを絶つ僕を許して下さい。二人の愛らしい子供をたのみます。

柴田吾郎　俳優　田宮二郎

なむあみだぶつ、さようなら

幸子へ

安らぎ

遺書を読み終えた夫人は号泣した。部屋は静まり返り、関係者が多くいたが、人目もはばからず泣いた。その様子に、夫人の友人が近寄り、背中をさすりながら言った。
「泣いていいよ、泣いていいよ、大声で泣いていいよ。でも、遺書を書いてくれてよかったね」

その言葉に、夫人は冷静に思いを巡らせた。田宮の自死行為の直接のきっかけは母の入院であるが、自身は「うつ」に入っていた時から決めていたように思う。だからこそ、全身全霊の愛情表現を取り続けていたのだろう。

そして夫人は、死の少し前のことを思い出した。ある日、ふと目を覚ますと夫人は、懐かしそうに自分の顔をのぞき込んでいる田宮の深い眼差しに気がつく。

「眠れないの？」

「いや、ずっと見つめていた」

田宮にとって万感の思いだったのだろうと夫人は悟った。

また用事を終えて田宮のもとに戻ると、いつもベッドの上で上半身を起こし、何かを熱心に書きつけていた。夫人の顔を見ると、すぐに笑顔を見せてノートを閉じた。さりげない動作だったので、夫人は気にも留めなかった。ただ、遺書を見た時にすべてがつながった。

あの長い遺書は時間をかけて書き残したものである。夫人が寝室に入るとすぐに閉じていたノートは、遺書だったに違いない――。

夫人はそれを「千慮の一失」と呼んだ。中国の司馬遷が著した「史記」に出てくる言葉で、多くの考えにひとつくらいは間違いがあるという例えである。

あれほど注意深く田宮に目を配らせていたが、ほんの一瞬で、取り返しのつかない「深く遠い隔たり」ができてしまった。この現実を受け入れなければならないのだと、いや、受け入れるしかないのだと思った。

田宮の死後、田宮は死を迎える数カ月前から、ロケ先で体調不良を訴えては、内科クリニックに飛び込んでいたとマネージャーに聞いた。だが、どこの病院も「体に異常はなく単なる疲労」という診断が返って来た。昭和五十三年、心の病という観点を見極めることは、今よりもはるかに困難であったのだ。


思えばあの日、田宮は生と死の人生の岐路に立っていたと夫人は思った。義母が緊急入院したことにより、田宮は夫人の判断を待っていた。受話器を握りしめて、一刻も早く、自分は生きるべきか死ぬべきかの判断を夫人に問いたかった。

だが、ほんの少しの時間のすれ違いで、夫人の判断を聞くことはかなわなかった。そして自決という道を選んだ。

夫人は耐えがたい寂寥感にさいなまれながらも、それでも、田宮は永遠の安らぎを得たのだと自分に言い聞かせた。

◉一発の銃弾は、遺族の人生のそれからにどんな影を落としたのだろうか。

第七章
再生

最高視聴率

田宮二郎が亡くなった翌二十九日のスポーツ紙は、すべてが一面で報じた。

「財前教授、衝撃の死　猟銃自殺　田宮二郎」（サンケイスポーツ）

「事業で行き詰まり、田宮二郎さん自殺　自宅で左胸に散弾銃一発」（報知新聞）

「悲報！　師走を騒然、田宮の12・28」（日刊スポーツ）

「予告していた田宮二郎自殺」（スポーツニッポン）

「田宮二郎謎の自殺・自宅のベッド、散弾銃で」（東京中日スポーツ）

もちろん、一般紙も多くが社会面の大半を割いて報じている。スポーツ紙と同様に事業の失敗、M資金、ノイローゼ、女性問題などを自殺の原因かと推察した。

十二月三十日、午後二時から密葬となった。暮れも押し迫っているのに、山本學ら「白い巨塔」の出演者のほとんどが出席した。

棺を閉じる直前、幸子夫人は唇に水を含み、田宮の唇に触れた。それは、永い別れを惜しむかのように、長い時間をかけてのキスだった。そして一言だけ「田宮さん、立派よ」と亡き夫に告げたように見えた。

フジの小林俊一プロデューサーとともに現れた太地喜和子は、霊きゅう車のドアが閉まると、人目もはばからずに慟哭した。田宮邸の前には大勢の見物の人たちがいたが、一様に驚いて太地を見つめた。太地は、地面に倒れそうな勢いで泣き続けるため、所属する「文学座」のマネージャーと、小林とともにフジテレビの車に乗り込んだ。そのため、小林も太地も「財前五郎の旅立ち」は見届けたが「田宮二郎の出棺」を見送ることはできなかった。

密葬を終えた幸子夫人は、田宮が残した遺書を手に、南麻布のホテルで一時間あまりの会見に臨んだ。まだ深い哀しみに包まれてはいるが、田宮の本当のことをわかってほしいという気丈な思いだった。

「M資金、借金、事業の行き詰まり、私との別居、離婚、女性問題などすべて、私たちには無縁です」

同席した「田宮企画」の顧問で司法書士の相馬計二も補足した。

「田宮は『M資金のことなど報道されて恥ずかしい、死にたい』と漏らしていたが、最近は全く元気でした。夫人との別居は次男の学校のためです。田宮は自分の仕事、活躍の場を確認したんです。そして全部終わったので、この行動を取ったと思う」

田宮の遺書や日記を手に、そう結んだ。そう言わざるしかなかったのだろう。

そしてこの日は土曜日であり、夜九時からは「白い巨塔」の三十回目の放映が控えている。現在の年末特番だらけのテレビシステムと違い、十二月三十日になっても、通常の枠でドラマの放送を重ねていた時代である。

とはいえ、主人公の自殺という前例のない事態である。フジテレビは協議を重ね、冒頭に〈田宮さん御逝去を悼む〉というテロップを入れて放送続行という判断に踏み切った。物語自体が最終回の一つ前とクライマックスに向かっていたこともあるが、日本中が「田宮の死に方」の手がかりを得ようとしたのだろう。

それまでの平均視聴率が一四％台だったのに対し、この日は二六・三％に跳ね上がる。これまでの最高視聴率であったことは言うまでもない。

それから年が明け、田宮の家族は主のいないひっそりとした正月を過ごす。ただ、中一と小六の幼い兄弟は、母の背中から視線をそらすことができずにいた。外では気丈に振舞っていたが、家の中では仏壇から片時も離れず、ローソクを二本立てたままたたずんでいた。

その背中が力なく丸まっていればいいが、緊張感で背筋が張っている。もしかしたら父のあとを追うんじゃないだろうか……兄弟は、そんな思いにかられたが、長男の柴田光太郎は、変化の瞬間を見る。

「ある日、母の背中からフッと力が抜けたんです。僕らを向いて『おしるこ作ろうか』って言ったんですよ。弟と二人、それが生への連結のような気がして、母に怒られるくらい大はしゃぎしました」

光太郎は学習院中等部のスキー合宿で志賀高原にいた。自宅に戻ったのは、父が亡くなった翌二十九日のことである。何も知らされず教師とともに帰途につき、東京に着いたところで父の訃報を聞かされた。仮通夜の準備にあわただしい自宅に着いたのは午後のことだ。

その場にいた小林プロデューサーによれば、光太郎は頬に一筋の涙を流したが、それでも長男の責任感から気丈に振舞った。その姿に、その場にいた者のすべてがもらい泣きせずにいられなかったという。

だが光太郎は、この日の一、二年前から、どこかでこうなることは覚悟を決めていたと語る。

「この人、死んじゃうかもしれない。自分で命を絶つかもしれない。そのくらい、いろんなことがありましたから。そうなった時に、自分はどうしなきゃいけないか……と考えていました。父親から直接『死ぬ』という言葉を聞いたことはなかったけど、常に『お前は家族を大切にしなきゃダメだぞ。長男だから。母親の世話と弟の世話をしっかりしろ』というようなことは言われていました」

それでも、実際に遺体を見ると、はかりしれないショックが光太郎を襲った。

同じ正月、田宮が師と仰ぐ映画監督・井上梅次のもとへは、田宮から年賀状が届いた。そこには丁寧な文面で「ご迷惑をおかけしましたが今年はまっとうに歩いていきます」と書かれてあった。

井上はあらためて、その死が紙一重の契機によるものと知る。元旦に届くということは、おそらく十二月二十日前後の投函で、文面にあるように立ち直りを決意していたはずだ。しかし、そこから数日のうちに、あの忌まわしい病が顔をのぞかせてしまったのかと思い、残念でならなかった。

一月六日、田宮が精魂をこめた「白い巨塔」の最終回が放映された。視聴率はさらに跳ね上がって三一・四%を記録する。放送後、フジテレビへの電話は二百件を超え、多くは「泣きながら家中で観ていました」や「ぜひ、もう一度放送してほしい」など、好意的なものばかりだった。局としても反響を見逃さず、一月二十日には二時間二本の総集編を放送し、三月には早くも再放送を決めた。

最終回のその日、遺族の三人は無言でその放送を見届ける。電話がひっきりなしにかかってきたが、誰も受話器を取ることはなかった。そして最後の場面が終わると、幸子夫人は静かにテレビの前から離れた。

同じ日、田宮のM資金騒動を書いた「週刊文春」の大下英治は、取材を切り上げてテレビの前に座った。その鬼気迫る演技に感心し、また同時に思った。

人は極度のうつ病では死なない。躁状態のままでも死のうとしない。おそらく、うつから前向きになろうとしたため、死へのエネルギーを見つけてしまったのだろうと……。

夫の後始末

一月十二日午後一時、青山斎場にて田宮の告別式が行われる。ワイドショーなどマスコミのカメラや記者はおびただしい数にのぼった。そして勝新太郎や島田陽子、愛川欽也や森光子ら多くの参列者が詰めかけた。

勝新太郎は「友人代表」として弔辞を捧ぐ。

「田宮！　俺はお前の死に顔を見たくない。その死に顔は生きていた。こんなことは初めてだ。『白い巨塔』の最終回の演技は誰にもできない。本物の芝居を教わったよ。ありがとう田宮！

さようなら！」

葬儀委員長は「白い巨塔」でも義父の役だった曾我廼家明蝶が務めた。

「田宮君、『白い巨塔』の最終回で君の素晴らしい演技を見た。ドラマと同じように君を見送ることになろうとは……。これがドラマでNGであってくれれば……残念でならない」

ドラマで被告の財前五郎と対立する原告側の弁護士役の児玉清や、原告に協力する医師を演じた山本學は同じような感想を漏らした。

「役の上とはいえ、ちょっといじめすぎちゃったかな……」

さらに、一般の参列者は二千人であったと新聞は伝えている。


二月十四日、ごく内輪だけの四十九日法要が元麻布の自宅で営まれた。曾我廼家明蝶や井上梅次監督、テレビ・映画の関係者などが集まった。

ここにハワイから帰国したばかりの山崎豊子も駆けつけた。山崎は花を供えたあと、田宮の祭壇の前で長いこと合掌する。

幸子夫人に悔やみの言葉を述べたあと、さらに「白い巨塔」の迫真の演技を褒めた。

「田宮の演技力を凌ぐ俳優が出てくるまで『白い巨塔』の映像化は封印します。それが命を懸けて『白い巨塔』を演じた田宮二郎に対する私の餞《はなむけ》です」

夫人の目には涙が浮かんだ。実際、連続ドラマとしての「白い巨塔」は、唐沢寿明主演によってリメイクされるまで、ちょうど四半世紀後の平成十五年まで封印されたことになる。

この四十九日と前後して山崎豊子は、田宮の死について手記を寄せている。

〈私の知っている田宮二郎は、単なる借金苦や躁うつ病で死ぬような人間ではない。それも一つの原因であるかもしれないが、最も直接的な死の引金は、財前教授を演じきるために、俳優としての精魂を費い果たし、燃焼しきった満足感に、精神的、肉体的疲労がのしかかって、満足して死ぬことの喜びに惹きこまれて、壮絶な猟銃自殺を遂げたのだと思う〉

役者冥利につきる作家からの言葉ではなかっただろうか。


四十九日を終えてなお、田宮の遺族には好奇の目が向けられた。夫人はそんな空気を常に感じていた。

「たとえば電車に乗ると、雑誌の中吊り広告に何やら書いてあるようなんです。それを目ざとく見つけた子供たちが、私に気づかせないよう、別の車両にそっと移動させるということもありました」

熾烈な報道の中には、一周忌のあたりに夫人が後追い自殺するのではという邪推もあった。もちろん、そんなことはなく、親子三人だけで一周忌法要も済ませている。

また、田宮の遺骨が京都にある柴田家の墓地に入らなかったことにも、田宮の兄・栄一と夫人の間に確執があるからではないかと取り沙汰された。

さらに、最大の関心事となったのが、田宮が死の十カ月前に加入したとされる生命保険である。その支給額は三億円とも言われ、これによって負債のすべてを清算することができた。

ただ、自殺した者に対して、加入から一年に満たない期間で支払いの義務はあるのか——それは、国会でも取り上げられる大問題になった。

最終的には田宮の「躁うつ病」が病気として認められ、精神の異常が猟銃の引き金を引いたということで、異例の措置となった。夫人は、これについて短く語った。

「田宮の金銭のことだけでなく、また倫理に外れた女性の問題に関しても、いろんな方のお力を借り、きっちりと後始末をやりました」

壮絶な死ではあったが、こうした金銭面においても、田宮は遺族が路頭に迷わないよう、身を挺して護ったことになる——。

長男光太郎の、それから

平成三十年（２０１８）八月、筆者はしばらくぶりに長男・柴田光太郎と会った。学習院大学文学部英米学科を卒業した光太郎は、得意の英語で私立の中高一貫校である青稜高等学校の非常勤講師や、進学塾「ＴＯＭＡＳ」の講師を生業とする。芸能活動も並行してやっていたので、その授業はライブ感あふれるものとして生徒の人気も高く、東大コースのスケジュールはぎっしりと埋まり、満足度は98％以上を記録するほどだ。

お盆のわずかな休日を利用して待ち合わせた光太郎は、自宅近くのファミリーレストランで多くの子供たちに囲まれていた。そこで英語の発音について熱心に説く光太郎は、即席の勉強会を開いているようだった。颯爽とした長身に精悍な表情は、やはり田宮二郎の遺児であることを再認識させる。

さらに光太郎は、その子供たちの一人に、中学一年になる彼の長男がいることを教えてくれた。

父親にも、祖父の田宮二郎にもよく似た聡明で精悍な表情をしている。折り目正しく挨拶する礼儀正しさもまた、柴田家の遺伝子に違いなかった。

そういえば中学一年とは、光太郎が田宮の壮絶な死に直面した学年と同じである。あれから四十年が経ったということを、この符合であらためて知らされる。

この項で聞きたかったのは、残された家族が、いかにして「再生」の道をたどったかである。

だが開口一番、光太郎は言った。

「ところが、父が亡くなってからしばらくの記憶が、すっぽりと抜け落ちているんです。思い出そうとしても、思い起こせないんです」

実に生々しい告白であった。たしかに、日本中を騒然とさせたスター俳優の自死を、そこに至る地獄のような日々も含めて、幼い身で間近に経験したのである。意図せずとも、忘れ去ることで日常を取り戻すことは必然であったはずだ。

自身の正確な記憶はないが、母に伝え聞いたことや残された資料などをもとに、光太郎は順序良く「その後の日々」を明かした。

まず、支払われたとされる三億円の生命保険について――。

「僕はまだ幼かったから、詳しいことは聞いていません。最終的にいくら入ったかはわからないが、ただ、その額か、あるいはそれ以上は支払われたというようなことは事務所関係の方からも聞いています。もっとも、全額が家族に渡ったかというと……どうやら、その一部を要求した人もいたみたいですが」

田宮は晩年に、家族を突き放してでも、不穏な人間関係を築いた。夫人や事務所の重鎮たちの命がけの立ち回りで関係を断つことができたが、どこかに「ほころび」が残ってしまったようである。

次に気になるのは、元麻布の田宮邸である。超高級住宅街に建てた田宮の夢の城ではあったが、同時に、そこは自決の場ともなった。ずっと住み続けるには、あまりにも傷ましい記憶が残された。

「父の死後、僕たち親子は神宮前のマンションに住んでいました。元麻布の自宅は早くに解体し、更地にして外国人向けの賃貸マンションになっています」

次男英晃の、それから

光太郎……いや、中学生の柴田英光は勉学に励み、高校、大学と順調に学習院という名門を歩む。では弟の英晃……のちの俳優・田宮五郎であるが、一つ違いの弟はどうであったか。

田宮の最期の年、英晃は中学受験に備えるため、母とともに南青山のマンションで別居していた。だが、生来が勉強好きではなかったのか、横浜の私立中学に入ったものの、学業がついていけず、ほどなく山形の学校に転向する。横浜の中学で世話になった教師の実家が山形にあったからだという。

高校に進んでからも勉強にはあまり向き合わず、大学は東京農業大学畜産科を選んだ。この頃から英晃は、奔放な性格が随所に顔を出す。歌舞伎町の「ぼったくりバー」にたまたま入ってしまい、高額な料金を請求されたが、店の者を返り討ちにして、逆に店の用心棒としてスカウトされる。

その後、実業家を目指し、大田市場正面前にて飲食店を経営する。

また二十八歳の時に突然、中尾彬の姪と結婚し、しかも家族には何も相談せず「婿養子に入る」と言った。こうしたことから、母親とも疎遠な関係になっていった。

もともと俳優になりたかった英晃は、父の遺言である「俳優になるなら人間を知ってから」を忠実に守り、六十種以上もの職を経験して、三十九歳でデビューした。

それ以前にノンフィクション作家・沢木耕太郎の傑作「一瞬の夏」を映像化する際に名前が挙がったこともあったが、これには抜擢されず、作品自体も実現に至っていない。

俳優となった英晃は、平成十九年に「田宮五郎」に改名する。

言わずと知れた父の代表作「白い巨塔」の財前五郎にあやかったものであり、本格的に俳優として生きていくことを決意する。父の没年に自分の年齢が近づいたことで、襲名のような感覚もあったのだろう。

だが、田宮五郎は平成二十四年にくも膜下出血を発症し、二年半の闘病もかなわず、十四年十一月六日に四十七歳の若さで他界する。残念ながら俳優として「田宮二世」以上の足跡を残すことはできなかったが、その訃報は、思わぬ形で大きく取り上げられた。

それは、闘病を支え、最期を看取ったのが女優の浅野ゆう子であったからだ。芸能人のキャリアとしても、格としても、大きな隔たりがあったが、それでも浅野は献身的に五郎を支えた。兄によれば弟は、大物の芸能人にも臆せずに物言う性格であった。芸能界の重鎮とも呼ばれる堺正章と「ゾウのはな子」(平成十九年、フジテレビ)の東南アジアロケで共演した際は、堺のある行動に対し、田宮五郎が異論を唱える。一瞬にして現場が凍りついたが、堺だけが「お前、おもしろいな」と言って、その後もたびたび共演者に指名した。

顔立ちは父親によく似ており、さらに父親を超える一八六センチの長身は、遅咲きではあったが、俳優としての将来を期待された。だが、病魔には勝てなかった。その劇的な死において次男は、少し父親に近づけたのかもしれない。破天荒ではあったが、多くの先輩俳優に愛された。青年実業家としても一花を咲かせた。何より愛してやまない父・田宮二郎に懸命に近づこうと役者稼業に命を賭した日々は、短いながらも満足な燃焼だったのではなかろうか――。

光太郎はフジテレビの看板プロデューサー・太田亮と会った。平成五年のことである。太田はその十年後、田宮の代表作である「白い巨塔」のリメイクにも奔走するが、この日、光太郎に会ったのは江口洋介主演で大ヒットした「ひとつ屋根の下」への出演依頼であった。

かねてから田宮の遺児である光太郎には、芸能界デビューのうわさが絶えなかった。だが、光太郎はこれを拒否。

「俳優になろうとは考えたこともなかったんです」

当時、光太郎は母校の学習院中等科・高等科の英語教師をやっていた。その職を捨ててまで、とは思えなかっただろう。

だが二年後、平成七年十月から光太郎は「おはよう!ナイスデイ」(フジテレビ)のレポーターとして、芸能界デビューを果たす。

「ルポルタージュの仕事ならやってみたいと思ったんです。ただ、何度やってもカメラに向かって話すということができなかった」

ひとつは田宮の死とともに、マスコミのカメラの放列を受けたトラウマもあっただろう。救ったのは、同番組の撮影カメラマンの一言であった。

「俺は片方の眼でファインダーを、もう片方の眼でお前を見ている。だから、お前は俺の眼に向かって話すことだけを考えろ!」

この言葉に安心感を得た光太郎は以降、教師生活と並行して司会業や俳優活動にも分野を広げてゆく。

幸子夫人の、それから

幸子夫人は田宮の死後、揺るがぬ思いで日々を過ごす。

「子供を育て上げることが田宮二郎の遺志であり、自分の喜びでもある」

その言葉通り、女手一つで幼い兄弟を育て上げた。田宮との結婚生活は十三年半に過ぎなかったが、それ以上の長い時間を「未亡人」として過ごしたことになる。

夫人は、自宅を解体したあとの外国人向けマンションのオーナー兼管理を務め、また一時はドラマのプロデュースにも意欲を持った。フジテレビを退社して「彩の会」というドラマ企画会社を立ち上げた「白い巨塔」のプロデューサー・小林俊一とともに、多少は番組制作に関わったようである。

夫人は長らく長男の光太郎と暮らしていたが、平成十四年三月に光太郎が結婚すると、別の道を選択する。福島に移り住み、新たに「家族カウンセリング」という仕事に就いた。田宮との苛烈な日々で得た経験をもとに、いや、もっと言えば「人間関係で苦しんだ田宮の姿を近くで見てきたことが、人間関係コミュニケーションの勉強をする動機になった」と言う。

そして田宮との日々を回想する。

「楽しかったこと、苦しかったこと、思い出は尽きず、時が経っても色あせない気がします。私のような者を愛し、結婚にこぎつけるまでに見せた田宮のまごころと誠意は、野心家の陰もなかった。二人で歩いた人生は短かったけれど、一生分の愛を残してくれました。田宮は俳優の仕事が好きで、人間観察など研究熱心でした。学力があって、美的センスも高いことからプレイボーイや野心家の役どころが多かったが、それは虚像にすぎません。そのイメージによって『生きにくさ』を作ったが、田宮は野心家でもなく、プレイボーイでもなかった。魅力ある俳優になりたい努力家であり、また忠誠心も強かった」

そして父親としても夫人は、感謝を持ち続けた。

「子供たちに父親として嘘、裏切り、人を貶めることのない生き方を残しました。この強く優しい生き方を、息子たちに継承してもらいたいと願っていました。そのことによって、父親は生きていくことができるのだからと」

平成二十八年一月、幸子夫人から筆者に手紙が届いた。三週に分けて「未亡人の告白」という連載ドキュメントを掲載した直後のことだ。そこには、丁寧な字でこう書いてあった。

田宮との思い出は楽しい日々、苦しい日々の記憶がないまぜになって、今も色あせることなく蘇ります。

思い出すことはつらいことでしたが、真相をお話しする機会を与えて頂きましたことを有難く思っております。

長いプロセスを短時間で整理され、的確な文章に起こす編集作業は、さぞかしご苦労の多いことだったと思います。

きれいな写真をご使用いただきましたことも合わせて御礼申し上げます。


筆者がどこまで「田宮二郎の真相」を再現できたかはわからない。

ただ、田宮二郎は近年、スキャンダルを乗り越えて「白い巨塔」を筆頭とした作品群が再評価され、後進の役者たちによって名作がリメイクされる機会も多くなった。

昭和五十三年当時は存在しなかったＤＶＤやブルーレイ、ＣＳ放送、特集上映などによって、再び田宮の颯爽とした姿が躍っている。

田宮二郎の肉体は存在しないが、いかなる仕事にも純然と打ち込んだ役者としての真摯な姿は、誰もが胸に張りつけておいていいはずだ。

あとがき

映像作品として日本の群像劇の双璧にあるのは、笠原和夫の脚本が光る「仁義なき戦い」と、山崎豊子が医学界の腐敗にメスを入れた「白い巨塔」で間違いないだろう。ヤクザと大学病院というベクトルの違いはあるが、複雑な人間関係や謀略の数々など、共通項は多い。何より、純粋な若者たちが狡猾な大人によって敵味方に分かれる展開は酷似している。

笠原は「実録」の名のもとに、史実を前提として「仁義なき戦い」を描いた。山崎の「白い巨塔」は基本的にフィクションであるが、結果的に田宮二郎は物語に殉ずる形で幕を閉じた。その苛烈な死の根底に何があったのか、どういう時間の流れをたどったのか――田宮の没後三十年に当たる平成二十年から雑誌連載の形で取材を始め、十年の時を経てようやく完成を見る。

基本的に取材対象はすべて「田宮二郎と直接、関わった者」であり、かなりの年月が過ぎていながら、それぞれが語る田宮二郎は「まるで昨日のことのように」鮮明であった。誰もが田宮に振り回されながら、それでも誰もが田宮を愛していた。やはり、クールな容貌から一変するチャーミングな笑顔と気遣い、もちろん俳優としての鬼気迫る情熱には、それだけの魅力があったのだろう。

田宮の没後三十年に始めて、その十年後に完成するということは、お世話になった方々ですでに亡くなられた方もいる。フジテレビのプロデューサーだった小林俊一氏、田宮が師と仰いだ井上梅次監督、同窓の俳優・児玉清氏、弟分だったタレントの小野ヤスシ氏など、それぞれに貴重なエピソードを聞かせていただいたことは、追悼の念とともにあらためて感謝したい。

そして本書は、田宮の長男である柴田光太郎氏と、女優の藤由紀子こと柴田幸子夫人の多大なるご尽力なしには到底たどり着けなかった。田宮の生前から没後も厳しいマスコミの目にさらされ、針小棒大な憶測記事という嵐に何度も心を閉ざしてきたはずだが、ここまで赤裸々に語っていただいたことは感謝の極みである。

近年、名画座の「大映男優映画祭」など、田宮の姿をフルスクリーンで、あるいはCS放送の専門チャンネルなどで、田宮の在りし日の勇姿を目にする機会は増えている。もちろん、レンタルショップには今も映画・ドラマ版の「白い巨塔」、勝新太郎と組んだ「悪名」シリーズ、出世作の「黒」シリーズなどが並んでいる。本書がきっかけとなり、田宮二郎の映像作品に再び関心を持っていただければ、筆者としてこれに勝る喜びはない。

平成三十年十月　石田伸也

特別収録

水辺の太地喜和子

あれから——二十年以上の歳月が流れた。日本を代表する天才女優・太地喜和子が、突然の水難事故によって、四十八年の生涯を終えた日から。その豪放な女優は恋に生き、酒を愛し、芝居に命を燃やした。事故であるにもかかわらず、どこか〈殉死〉と思わせるのはなぜだろうか——。

〈やはり、喜和子も女優として役に魅入られてしまったのか……〉

フジテレビのプロデューサーだった小林俊一は、太地喜和子の突然の訃報にそんな思いを抱いた。

平成四年十月十三日未明、喜和子は酔ったまま夜明けの海へドライブに出かけた。しかし、

◉田宮の「白い巨塔」で共演した太地。（提供／彩の会）

車が海に転落するという事故が襲い、同乗の三人は車から脱出したが、逃げ遅れた喜和子は帰らぬ人となってしまう。

〈田宮二郎も太地喜和子も、俺たち常人と違う気質を持った役者は、それだけ役に入り込んでしまうんだろうなあ……〉

小林は、テレビドラマの金字塔とされる「白い巨塔」（昭和五十三〜五十四年、フジテレビ）をプロデューサー・演出家として手がけた。主演の財前五郎に田宮を、その愛人の花森ケイ子に喜和子を起用したのだ。

常々、役者とは「観客に金を払って足を運んでもらう」ことを持論とする喜和子は、映画や舞台に比べ、ドラマの出演は驚くほど少ない。それでありながら、母性愛に満ちたケイ子の役は、評価の高い代表作となった。後に発覚した話ではあるが、主演の田宮は極度の躁うつ病を抱えていた。小林は、田宮の病状とも闘いながら撮影を重ねた。

「最初に気がついたのはライバル医師を演じた山本學。それから喜和子が、田宮をいつも役名で呼んでいるんだけど『五郎ちゃん、ちょっとおかしいんじゃない？』と言ってきたね」

それでも、喜和子は役柄のケイ子と同じく、包み込むような気持ちで田宮と接する。田宮が演じた財前五郎は、食道がんの権威でありながら、教授選や医療裁判に追われて手術不能のがんで死んでゆく。

遺体となって運ばれるまでを田宮みずからが演じ、その仕上がりを「役者冥利につきる」と満足げだった。

「撮影が終わって、十二月二十五日の夜に田宮と喜和子と僕の三人で飲みに出かけた。その日の田宮はいつになく上機嫌で『もう一軒！』と言うのだが、喜和子が目で『お開きにしましょう』と訴えるものだから、一次会だけで別れたんだ。今から思うと、もっと話を聞いてあげればよかったかもしれないね」

その三日後、十二月二十八日の午後に田宮は、猟銃による自殺を図った。通夜に訪れた喜和子は、田宮の夫人に「死に顔をぜひ」と言われ、遺体にしがみついて顔にキスをしながら言った。

「五郎ちゃん、あんた、どうして死んでしまったの。あんたって純粋すぎてバカよ！」

それはまさしく「女優」として、どこか田宮の心情を理解しているようでもあった。この時点で「白い巨塔」は二話の放映を残していたが、誰よりも強く放送続行を主張したのが喜和子だったという。結果、最終話は三一・四％という驚異的な視聴率を挙げた。

小林は原作者の山崎豊子に田宮の自殺を告げると、すかさず「猟銃でしょ」と返ってきた。同じ山崎原作で、田宮が出演を熱望した「華麗なる一族」に、やはり猟銃で命を散らす主人公・万俵鉄平がいる。田宮は財前五郎、そして万俵鉄平と同化してしまったのだと山崎は察した。

やがて時は流れ、小林は同じことを喜和子の訃報にも感じた。

「海に落ちて死んだと聞いて、最後の舞台だった『唐人お吉ものがたり』と一緒になっちゃったなって」

喜和子は伝説のままに逝った女優となった——。

筆者が小林からこの話を聞いたのは平成二十四年七月であったが、同時に、それが会って話を聞く最後にもなった。小林はフジテレビの看板プロデューサーとして、ドラマ版の「男はつらいよ」（昭和四十三年）を立ち上げ、テレビドラマの金字塔とされる「白い巨塔」を手がけた。

その後、独立して「彩の会」というドラマ企画会社を作った。何度か取材で訪れたが、一時は年商七億円だった規模は徐々に縮小され、また小林自身の体調も著しく悪化していた。

「田宮が死んで、喜和子が死んだ。次はオレの番だな……」

帰り際にそうつぶやいた小林は、わずかな距離を歩くのにも数分かかるほど足取りはままならず、鼻には酸素チューブが装着してあった。そして同年十一月十五日、心不全で七十九歳の生涯を終える。ただし、その場所は、ドラマのロケで訪れていた奈良県大和郡山市内のホテルで、翌日になって発見されている。

すでに「彩の会」にドラマを新たに作る体力はなく、小林にもロケハンで訪れたとは思い難い。小林が「次はオレの番」とつぶやいてから四カ月ほどしか経っておらず、翌年には「彩の会」も負債総額一億七千万円で破産宣告を受けることとなる。

田宮や喜和子ほど世に知られた話ではないが、縁の深い人物に「奇妙な死」は連鎖することとなったのだ。

喜和子の集大成となる舞台の主人公である「唐人お吉」は、幕末から明治時代に実在した伊豆下田の芸者である。アメリカ総領事ハリスの妾となり、ハリスと別れた後は酒色におぼれ、最後は伊豆下田の海に身投げをして死んでしまう。その享年は喜和子と同じ四十八歳であり、最後の公演を行ったのは下田と程近い伊東であった。

喜和子の人生は、命を賭けていた芝居を除けば、お吉と同じく「酒とタバコと男」に彩られていた。石坂浩二や中村勘九郎（のちの勘三郎）らと浮き名を流したが、誰よりも特筆すべきは「ガソリンをぶっかけたような恋」と称した三國連太郎との日々である。

喜和子は、まだ「俳優座養成所」に所属していた二十歳前の娘だったが、三國との恋になりふりかまわず、北海道まで追いかけたこともあった。三國は生涯の傑作である「飢餓海峡」（昭和四十年、東映）の撮影中で、二人の同棲は半年ほど続いた。

◉有名俳優と数々の恋愛を重ねてきたが、「本当に愛したひとは三國さんだけ」と公言してやまなかった太地喜和子。

◉写真右、三國連太郎

二人の別離から約十年後に、「週刊アサヒ芸能」昭和四十八年十一月十一日号にて、最初で最後となる対談を収録している。今現在の役者ではありえないだろう「その後の二人」の会話は、鋭い切れ味に満ちていた。

以下、一部を抜粋してみよう――。

太地 あたし、十五のときからお酒飲んでたの。それが三國さんに会ってから一年間、全然やめたのね。……あれからもう十年になる。ほんと、懐かしいわ。

三國 あのころ、あなたいくつでした？

太地 十八。十八の女の子が三國さんと会っちゃったんだから、強烈でしたよ。ドドドンと見境なく惚れ狂って……三國さん、ヘンなひとで、すごく素敵だったのね。あのあと、もう絶対、男に惚れられないだろうってひとにいわれたことあるけど、ほんとにそう。ああいう感じって二度とない。

三國 あなたもあのころは、ステキな女の子だったと思います。

太地 正味三カ月だけれど、なんとなくずるずると一年ぐらい一緒にいたことになるかしら。

三國 ガソリンぶっかけたみたいな状態が三カ月ということね。その前後は世間のことを気にしたり、いろいろあった。

太地　そのころ「飢餓海峡」を映画で撮ってたのね。犬飼太吉を三國さんがやってて、とても悲しそうな顔をして帰ってくる。あたしは杉戸八重にものすごい嫉妬を感じたわ。それが十年後、あたしがその杉戸八重を舞台でやることになって、なにか因縁のような感じがした。

――そして喜和子は、再会を喜びながらも核心を突く。

太地　あたし、どうしても三國さんに聞いておきたいことがあったの。ここで聞いてもいい？

三國　なんでもお答えいたします。

太地　三國さんは、どうしてあのとき、喜和子から逃げ出したんですか。

三國　（ながい沈黙）

太地　聞きたいの。

三國　男ってたいへん卑怯な生きものなんですよね。それはぼく自身、とってもわかってるんですが……。

太地　三國さんがいつのまにか去っちゃって、それから、ヨーロッパに行ったのね。たまたまドイツで、ポルシェに乗って、ヒゲを生やした大きな男のひとが帽子かぶっていて……あのころ、三國さんがやっぱりポルシェに乗って帽子かぶってたでしょ。で、当然、思い出して、どうしても会いたいって手紙書いたのね。
三國　ハイ、たしかにあれは拝読させていただきました。
太地　それで会ったんだけど、もう前みたいにはならなかったわね。
三國　ぼくは臆病者ですから、のめり込む危険を絶対に避けたんです。
太地　……こういうお話するのははじめてね、三國さん。
三國　その後、ご一緒に映画に出演したことがあるけど、そのときもべつに、そのへんのことについて話さなかったですね。
太地　でもあたし、あの映画でハダカになったとき失神して倒れちゃったでしょ。あたし、あんなのはじめてなの。あとで三國さんと一緒だったからじゃないかって思ったわ……ねえ、さっきの答えを聞きたい。
三國　十年目にして率直にいうけど……あなたのからだにひれふすことがイヤだった……そういうことです。あのころはぼくも若かったし、やり盛りだったから毎日でもできた。だけど、それは未来永劫につづくワケじゃない。あなたが年増になったとき、ぼくはもう六十過ぎでしょう。そのときにおかれるぼくの場所が、いかに荒涼とむなしいものかとね。
太地　あたしがあんまりおぼれすぎたのかなァ？
三國　女は無限の容量をもっているけど、男の生命には限界がある。ぼくの女性にたいする敗北感は、そのころからひしひしと生まれつつあったワケです。
太地　あのころ、子ども生んどきゃよかった。アハハ……（笑）。
三國　（無言）
太地　愛よ、ふたたび……なんてのはどう？
三國　（長い沈黙）でも、やっぱりぼくは一人でいたほうがいいですねえ。あなたと一緒に生活したら、ぼくは役者をつづけてゆかれない。

――喜和子は、再会の場を用意した編集部員にも深々と礼を述べ、生涯ただ一人の男との再会を心から喜んだ。

そして時は流れ、奇跡の再会をわがことのように喜ぶ者がいた。

「喜和子、こんなに嬉しそうな顔をして……」

再会の写真を見て微笑んだのは、喜和子の長らくの親友だったカルーセル麻紀である。筆者がカルーセルのもとを訪れる直前に、大女優の山田五十鈴が九十五歳で大往生したとの報があった。その訃報に、喜和子も亡くなって二十年と思い起こした矢先のことだった。

五十鈴と喜和子には、こんな逸話がある。喜和子の文学座の先輩である樹木希林が、酒場で「あんた、ずいぶん醜くなったわよ」と毒づいた。この一言に喜和子は、こうタンカを切ったのである。

「あたしを誰だと思ってるの。あたしの本当の母親は山田五十鈴なのよ！」

舞台となったのは、渋谷にあった「ドン・キホーテ」という役者たちがお忍びで通うスナックだった。カルーセルは、そんなケンカは日常茶飯事だったと笑う。

「石原裕次郎と勝新さんがふざけて取っ組み合いをやっていたり、喜和子だって勘九郎さんをワインの瓶で殴ったこともあったわよ」

生後すぐに養父母に預けられた喜和子は、本当の母親が誰であるのかを知らない。そのため、みずから女優としての物語を作るため、実母の名に山田五十鈴や淡谷のり子を語っていたという。


カルーセルが喜和子と出会ったのは、まだお互いが若手だった昭和四十年のこと。喜和子と同期の俳優座十六期生に「彼氏」がおり、その縁で紹介してもらったという。ちなみに、その男とは喜和子も短期間だがつきあうようになり、カルーセルは「姉は私だから」と笑っていた。

やがて喜和子は文学座に移り、その舞台を新宿・紀伊国屋ホールに観に行くと、異様な光景にあっけに取られた。

「私だって舞台では前張りをするのに、喜和子はスッポンポンでやっているの。終演後に喜和子に『丸見えだよ』って告げると『だって服着てたってしょうがないでしょ』って。いつもの調子で『さあ飲み行くぞ』になっちゃったから」

文学座には杉村春子という押しも押されもせぬ大女優がいた。さすがの豪放な喜和子も、杉村の前では直立不動の姿勢となった。

カルーセルは杉村の代表作である「欲望という名の電車」のブランチ役を、いつの日か喜和子が継承される日を心待ちにしていた。ブランチの妹役で杉村と共演し、杉村にとっても後継者は太地しか考えられなかった。

「喜和子は杉村先生との共演だと、私にも『花なんか絶対に贈るな』とクギを刺していた。喜和子のところに届いた花でも、すべて杉村先生の部屋に持っていくくらい気を遣っていたわ」

立て続けの異変を感じたのは、喜和子が亡くなる直前のこと。カルーセルの趣味である骨董品の櫛やかんざしを並べて喜和子に見せていた。そのうち、数百万の価値のある櫛を喜和子が手に取ると、一瞬で様子がおかしくなった。

「突然、目も見えないし耳も聞こえない状態になって、後ろにガーンと反っちゃった感じ。そのまま何も言わないで帰ったのよ。私はその櫛を比叡山に収めてお祓いしてもらったの」

芸能界きっての酒豪で知られた喜和子は、肝臓こそまったく影響はなかったが、緑内障を患い、失明の危機にあったとも言われる。この「霊障」が影響したのかどうかは、今となっては確かめようもない。

そして最後の代表作である「唐人お吉」を演じるようになってから、見た目も変わってきたとカルーセルは言う。

「亡くなる少し前に、私の姉も一緒に祇園で会ったのよ。そしたら喜和子がすごく痩せていて、私の姉が取り乱して泣くくらい〝死相〟が顔に浮かんでいた」

喜和子は死の直前、若手の劇団員を二人連れて、地元のスナックでしたたかに酩酊した。店のカラオケで「お吉物語」を流すと、それはカルーセルが出演している映像だった。

店のママと四人で「海が見たい」とドライブに出かけたのは、大親友の映像を観た直後である。芝居のことしか考えなかった喜和子は、はからずも「お吉」となって海に沈んだ——。


太地喜和子は〝最後の女優〟である。単に役者の性別を分けただけでなく、世の中で唯一の高貴な職業が「女優」とするならば、喜和子は誰よりも意識を高く持ち、すべてを芝居に捧げて死んでいった。没後二十年——その凄味は風化することなく語られるべきだ。


「蜷川さん、こないだ『水戸黄門』（ＴＢＳ）で公家の役をやっているのを観たわよ」

太地喜和子は蜷川幸雄に向かって言った。のちに「世界のニナガワ」と呼ばれる演出家となるが、昭和五十四年当時の蜷川は、まだ俳優業と掛け持ちだった。

そんな状態に、喜和子の辛らつな直言が続く。

「あんなヘタな演技を見てしまったら、演出家としてのダメ出しが聞けなくなるわ。頼むから役者は辞めてちょうだい」

その年、蜷川は喜和子を主演とした「近松心中物語」の舞台を手掛けていた。妻子ある身の蜷川にとって、演出家の年収は百万円にも満たないと思いつつ、この言葉を機に役者稼業に見切りをつける。

ここまでは蜷川の自伝にも綴られているが、実はもうひとつの言葉がある。

「あんた一人ぐらい、私が食わせてあげるわよ」

決して色恋の仲ではないが、喜和子は蜷川の「演出家の才能」を見抜き、豪胆に言った。

さてこの劇中、喜和子は相手役の平幹二朗と手を取り合う直前まで、楽屋に置いた氷水に両手を浸けている。

「雪の中の心中だから冷え切っているはず。平さんが私の手を握った時、冷たいほうが気持ちが通じるでしょ」

平然と言ってのけ、また実践してみせる。蜷川は、くすぶっていた役者への未練を完全に断ち切った。

もう一人、昭和五十九年に喜和子をＮＨＫのドラマに招いた和田勉とも「一筋縄ではいかない出会い」だった。

和田はそれまで、世の中で最も嫌いな女優が喜和子だったと言う。それでも、この役には喜和子しかいないと、渋谷の日本料理店の個室で待ち合わせる。

そこにいたのは男物の着物をはおり、昼間から飲んだくれている豪快な女だった。

「和田さん、あたしがわかった？　あたしはね、男でも女でもない、役者なんだぜ」

つられてガハハと笑った和田は、喜和子との〝心中〟を決めた。

そして「心中宵庚申」（昭和五十九年）、「おさんの恋」（昭和六十年）、「但馬屋のお夏」（昭和六十一年）と、三年連続で喜和子を起用する。後年、和田は喜和子を〈役者という病気〉と評している。

ピンク映画の重鎮である俳優・下元史朗は、役名のない「村の青年たち」の一人ではあったが、喜和子と同じスクリーンに出た。

「喜和子さんはホテル、僕らは民宿に泊まるんですけど、最後は一緒になって打ち上げをやってくれたんですよ。そこで僕が調子に乗ってストリップをやり出したら、喜和子さんはお尻に一万円札を突っ込んでくれた。それだけじゃなく、自分もやると言ってスッポンポンになりましたから」

その映画は、九年ぶりに主演女優となった「火まつり」(昭和六十年、シネセゾン)のこと。三重・熊野を舞台に、古代の神話を現代に置き換えた幻想的なストーリーである。監督の柳町光男は、女神のようなヒロインには喜和子しか考えられなかったと言う。

「僕らの学生時代から、喜和子さんは新藤兼人監督の『藪の中の黒猫』(昭和四十三年、東宝)や、文学座の数々の公演で伝説的な女優になっていた。彼女のケラケラと笑う顔は、シャーマン(神に仕える者)を思わせる役にぴったりでした」

柳町と脚本の中上健次が考えた役名は「基視子(キミコ)」である。それは「卑弥呼(ヒミコ)」の読みをイメージしてのことだった。やがて役名は、喜和子の身に〝言霊〟をもたらすようになった――。

柳町は撮影の合間に、共演者の安岡力也と「心霊談義」に高じる喜和子の姿を何度も見ている。

「おい喜和子……連れてきたな?」

「うん、私のまわりにいるよ」

もともと持っている霊感の強さに加え、今で言う「パワースポット」の熊野の磁場が、より尖鋭的な能力にさせてしまったようだ。

柳町は、後に聞く喜和子の訃報にも作品との「奇縁」を感じた。監督の前ではおくびにも出さないが、メイクなどのスタッフには小声で漏らしていた。

「あの映画には小舟の上だったり、川の淵だったり、水にまつわる描写が多い。本人は女優根性で乗り切ったけど、何度も『水が怖い』と口にしていた」

もともとが泳げない体質とはいえ、その怖れ方は、〝見えない何か〟におびえているかのようだった……。

ただ、こうした部分をのぞけば、柳町にとっては実にたのもしい女優だった。

「久しぶりの映画の主役ということで張り切っていたし、責任感も強く持っていた。一部でわがままって評判もあったけど、現場ではそつなくまとめてくれたし、キャンペーンにも積極的に協力してくれましたよ」

完成した作品は「毎日映画コンクール日本映画優秀賞」を取るなど、高い評価を得た。そして公開から七年後、柳町は偶然、熱海から伊東にかけて仲間とドライブに出かけた。

「伊東の街に『唐人お吉ものがたり』の看板が出ていました。あと二日で公演だったので、もし、その日にやっていれば喜和子さんの楽屋に挨拶に行ったのですが……」

直後にワイドショーで伊東での訃報を知り、何という偶然だろうかと思った。たまたま調べたら、実在したお吉の母親が「きわ」という名前だったことも知った――。

喜和子にとっての最後の公演は「文学座」の主催だったが、そこには師である加藤武も同行していた。加藤は、お吉を妾にするアメリカの総領事・ハリス（役名はハルリス）に扮していた。

思えば喜和子が俳優座を辞め、文学座に移籍してきた昭和四十二年からの縁だったと加藤は回想する。

「翌年の『美しきものの伝説』という舞台だった。ここで喜和子は大正時代の演歌師として、バイオリンを奏でながら活弁調にセリフを言う。その口上――『須磨子は来るのか来ないのか、あとはこの場のお楽しみィ……』を教えてあげたのが最初。喜和子はケラケラと笑って『それを私が言うんですか？』って聞くんだ。ヘンな女、ヘンな研究生だなと思ったよ」

ただし、三年後に同作品が再演されると、喜和子はヒロインの伊藤野枝役に抜擢されている。その出世の速さは、おおいに目を見張るものだった。

加藤は映画では「獄門島」（昭和五十二年、東宝）で、舞台は文学座デビューから最期の日まで、幾度となく共演を重ねた。

「あいつは台本や演出に対する好き嫌いが強いから、イヤだったら『病気になった』とか言って、ハナから出ない。その代わり、入れ込んだら命がけだったな。実は金田一耕助が活躍する

『獄門島』も巨匠の市川崑監督でヒットしたけど、喜和子に言わせれば『ヘンな映画だし、ヘンな監督。私は好きじゃない』になっちゃうんだから」

逆に、入れ込んだら命がけ――の最たる例に、舞台で共演した「雁の寺」がある。加藤が接する日頃の喜和子は、ひたすら酒好きで、酔えば胸をはだけるような性格で、楽屋ではスッピンで過ごしている。

「ふだんはちっともどうこうと思わないのに、あの舞台では熟女の豊満な色気がただよってくるんだよ。同じ舞台にいながら、どうかしたくなったくらいだ」

そんな喜和子の女優魂には、多くの役者たちが共鳴した。

とりわけ勝新太郎は、ライフワークの「座頭市」に何度も招いただけでなく、喜和子が京都に来るたび、祇園の座敷へ案内した。そこに居合わせた芸者や舞妓は、同性でありながら、誰もが喜和子に惚れたという。

さらに酒豪で鳴る喜和子と勝新は店がハネても飲み足りず、決まって喜和子がホテルの前で勝新にせがんだ。

「ねえ、ウチの部屋で飲まない？　何にもしないからさ」

加藤は「何もしないからさ」という喜和子の言い草に、それは男のセリフだろうと苦笑した。

「喜和子の葬儀は文学座のアトリエでやったんだけど、お棺の横に舞台で使った三味線を並べていた。勝さんはそれを手にすると、いつまでも弾いていたのが印象的だったな。それだけ喜和子に入れ込んでいたんだな」

喜和子の最終章となる「唐人お吉ものがたり」は、平成四年年八月十三日の三越劇場から幕を切った。数々の名作をこなしてきた喜和子だが、この役への没頭ぶりは尋常ではなかった。加藤はアメリカの総領事という設定もあって、さほどセリフの多い役ではないのだが、稽古には「皆勤」を強いられたと言う。

「ふつうは自分の番だけ立ち会えばいいんだが、俺には最初から最後までずっと見て、あれこれ意見を言えって命令するんだよ。さらに、通し稽古が終わって、個別でやるのを『抜き稽古』って言うんだけど、それも見ていろと言う。台本は喜和子の書き込みでまっ黒けになっているし、拘束時間は長いしで大変だったよ」

加藤の目には、喜和子の消耗が見て取れた。糖尿病や緑内障で失明の危機もあり、どこかで「これが最後」と予感しているようにも見えた。やがて公演が始まると、幕の合間にも加藤をそばに来させ、着替えながらアドバイスをメモするほどの集中力を見せた。

十月十二日に静岡・伊東市の公演を終え、翌十三日はモデルとなったお吉が生まれ、また入水自殺をした下田での公演が待っていた。しかし、その幕が開くことはなく、喜和子は車ごと夜明けの海に沈んでしまったのである。

「今でも伊東で公演があると、俺たちは海にお酒を流してお参りするんだよ」

女優であることにすべてを捧げた女は、その場所で命の火が消えることが「避けられぬ必然」だったのだろうか――。

年譜・フィルモグラフィー

田宮二郎の年譜と家族の主な出来事

1935年（昭和10年）

・8月25日、京都府京都市に柴田榮治と美代子との二男として生まれる。本名は柴田吾郎で、兄・栄一は島津製作所の製作課長から、のちに田宮企画の取締役となる。父・榮治は田宮の生後4日目に他界する。祖父の柴田永三郎は、住友財閥の大番頭であった。

1954年（昭和29年）

・4月、京都府立鴨沂高校を卒業し、学習院大学政経学部経済学科に合格し、上京する。大学では「シェイクスピア劇研究会」に所属し、外交官志望であった。

1956年（昭和31年）

・3月、スポーツニッポン主催「ミスターニッポン・コンテスト」で優勝。大学生のまま大映演技研究所に10期生として入所し、12月に卒業。同期には叶順子、市田ひろみがいた。

1957年（昭和32年）

・大映東京撮影所俳優部147名が総出演したセミ・ドキュメント映画「九時間の恐怖」で、本名の柴田吾郎としてデビューする。

1958年（昭和33年）

・3月、学習院大学を卒業し、本格的に俳優としてスタート。知的で現代的な二枚目として「嵐の講道館」や「おーい中村君」に準主演格で出演。

1959年（昭和34年）

・大映の永田雅一社長より、芸名の「田宮二郎」をもらう。永田がオーナーを務めたプロ野球チーム・大毎オリオンズの強打者である田宮健次郎にあやかった。同年「私の選んだ人」で映画初主演。

1961年（昭和36年）

・山崎豊子原作の「女の勲章」で、冷酷かつ計算高い八代銀四郎を演じ、これまでで最高の演技とされる当たり役を得る。以来、原作者の山崎とは生涯に渡って深い縁を持つ。同年、まったく役柄の異なる軽妙な「モートルの貞」を演じ、原作・今東光、そして主演・勝新太郎とコンビを組んだ「悪名」が大ヒットし、8年間で14作の人気シリーズとなった。

1962年（昭和37年）

・大映の看板俳優に成長し、増村保造監督の「爛」「女の一生」などの文芸作品にも出演。さらに〈黒シリーズ〉の第1作となる「黒の試走車」が公開され、ヒットした。

1963年（昭和38年）

・「第三の悪名」「女系家族」「黒の駐車場」など12本の作品の出演。のちに夫人となる藤由紀子と「黒の駐車場」で初共演。

1964年（昭和39年）

・現代ヤクザの鴨井大介に扮した「宿なし犬」が好評で、3年に渡る〈犬シリーズ〉となる。これで田宮は〈悪名〉〈黒〉と並行し、3つのシリーズ作品を持つことになった。

1965年（昭和40年）

・5月31日、幸子夫人（藤由紀子）と結婚式を挙げる。同年、文化放送のラジオドラマとして、生涯の代表作となる「白い巨塔」を初演。

1966年（昭和41年）

・1月13日、長男の英光（俳優の柴田光太郎）が誕生。そして映画版の「白い巨塔」が山本薩夫監督で公開され、同年の「キネマ旬報ベスト・ワン」に輝く。ほかに三島由紀夫がのちの作家・安部譲二をモデルに描いた「複雑な彼」など出演作多数。

1967年（昭和42年）

・1月13日、長男と同じ誕生日に二男の英晃（俳優の田宮五郎）が誕生。

1968年（昭和43年）

・6月、主役級でありながら「不信のとき」の宣伝ポスターの名前が4番手であったことに抗議し、いったんは永田社長に序列の修正を認められるが、口論になったため一方的な解雇に。さらに当時の「五社協定」（引き抜き防止のため大手5社による紳士協定）により、映画界から追放される。

1969年（昭和44年）

・1月、映画だけでなくテレビドラマにも出られなくなっていた田宮は「クイズタイムショック」（NET）の司会を担当。ソフトな語り口は評判となり、最高視聴率29%を記録する人気番組に。また東京12チャンネルの音楽番組「田宮二郎ショー」でも司会を担当。さらに慣れない歌を歌って、全国のキャバレーをドサ回りした。

・6月、大映との拘束が切れ、晴れてフリーの身となる。復帰作は東映のオムニバス大作「日本暗殺秘録」の若手将校役だった。

1970年（昭和45年）

・加山雄三の敵役として「豹は走った」（東宝）に出演。同年、帝劇のミュージカル「スカーレット」や「花筵」にも出演。

1971年（昭和46年）

・幸子夫人を社長に「田宮企画」を設立。自らの主演で「3000キロの罠」（松竹）を製作するが、ヒットには程遠かった。

1972年（昭和47年）

・2月、テレビドラマでの初主演となる「知らない同志」（TBS）がスタート。映画では尾崎士郎の名作「人生劇場」（松竹）に吉良常役で出演。

1973年（昭和48年）

・7月、ドラマ「白い影」（TBS）がスタートし、田宮の〈白いシリーズ〉が金曜の看板枠となる。のちに山口百恵の〈赤いシリーズ〉も始まり、交互にオンエアされた。映画では必殺シリーズの初めての映画化である「必殺仕掛人」（松竹）で藤枝梅安役を好演。ほかにも「花と竜」「宮本武蔵」（ともに松竹）といった大作に出演。

1974年（昭和49年）

・4月、ドラマ「白い滑走路」（TBS）がスタート。エリートパイロットに扮し、シリーズの人気を決定づける。映画では、のちの猟銃自殺に大きく関与する山崎豊子原作の「華麗なる一族」（東宝）に出演。

1975年（昭和50年）

・清水一行原作の社会派サスペンス「動脈列島」（東宝）に主演。ドラマではシリーズ第3弾の「白い地平線」（TBS）が開始。

1976年（昭和51年）

・山田太一脚本で新境地を描いたドラマ「高原へいらっしゃい」、シリーズ第4弾の「白い秘密」（ともにTBS）が放映。映画は山崎豊子原作の「不毛地帯」「撃たれる前に撃て！」（ともに東宝）に出演。また大みそかには、山口百恵との〈白い&赤いコンビ〉で、全民放版の「ゆく年くる年」の総合司会を務める。

１９７７年（昭和52年）

・2月、日英合作に自ら製作・主演を務めた「イエロー・ドッグ」（松竹）が公開。しかし興行的には大惨敗で、大きな赤字を背負う。

・3月、強度の躁うつ病にかかり、神経外科へ通院するようになる。ドラマは「光る崖」「白い荒野」（ともにTBS）に主演するが、かつての高視聴率は取れなくなっていた。

１９７８年（昭和53年）

・ドラマの専属契約がTBSからフジテレビに映り、その第1作として「白い巨塔」の製作が発表される。ただし、収録中もトンガ行きや怪しげな事業にのめり込み、後半に入ると田宮のうつ病はさらにひどくなる。

・9月、9年間も続けていた「クイズタイムショック」（テレビ朝日）の司会を俳優の山口崇に交代する。

・12月、どうにか「白い巨塔」を撮り終え、最終回の試写を観た直後の12月28日午後1時30分、自宅の寝室で猟銃自殺により、43年の生涯を閉じる。

１９７９年（昭和54年）

・1月8日、田宮の死後に追悼のテロップを入れて放映された「白い巨塔」の最終回は、31・4％の高い視聴率を記録する。

・1月12日、青山葬儀所で田宮の葬儀が行われる。葬儀委員長は義父役を演じた曾我廼家明蝶が務め、戒名は「清光院法曹顕映究吾居士」であった。

１９９５年（平成７年）

・長男の柴田光太郎がフジテレビ「おはようナイスディ」のレポーターで芸能界にデビュー。

２００１年（平成13年）

・１月、田宮の〈白いシリーズ〉の出発点だった「白い影」（ＴＢＳ）が中居正広主演でリメイクされ、高視聴率を獲得。

２００３年（平成15年）

・７月、放映から20年以上を経て、田宮のドラマ版の「白い巨塔」がＤＶＤボックス化。
・７月、ＴＢＳにて佐藤浩市主演で「高原へいらっしゃい」がリメイク。
・10月、唐沢寿明主演で「白い巨塔」（フジテレビ）が25年ぶりにリメイク。全話が20％以上を超える近年にないヒット作になり、最終話は32・１％の高視聴率を記録した。

２００６年（平成18年）

・田宮が大映を辞めるきっかけになった「不信のとき」が米倉涼子主演のドラマ（フジテレビ）でリメイク。また二男が「田宮五郎」名義で俳優デビュー。

２００７年（平成19年）

・１月、田宮の猟銃自殺に影響した「華麗なる一族」（ＴＢＳ）が木村拓哉主演でリメイク。また香取慎吾が司会を務める「ＳｍａＳＴＡＴＩＯＮ！！」（テレビ朝日）にて田宮を特集。

２０１４年（平成26年）

・11月６日、二男の田宮五郎が12年に交際中の浅野ゆう子の自宅でくも膜下出血で倒れ、回復することなく47歳で逝去。

田宮二郎　フィルモグラフィ

映画篇

大映専属時代

スタジオはてんやわんや(1957年)◉群衆(エキストラ)
朝の口笛(1957年)◉新聞社のカメラマン 役
満員電車(1957年)◉学生 役
夜の蝶(1957年)◉秀二の旧友 役(エキストラ)
九時間の恐怖(1957年)◉静岡中央署巡査 役 ※公式のデビュー作。
透明人間と蝿男(1957年)◉乗客役など(エキストラ)
誓いてし(1957年)◉浜尾 役
青空娘(1957年)◉竹中 役
花嫁立候補(1957年)◉林 役
東京の瞳(1958年)◉金山信次 役
大都会の午前三時(1958年)◉二十七号 役
母(1958年)◉木下 役
愛河(1958年)◉三井明 役
渇き(1958年)◉安岡 役

巨人と玩具（1958年）◉学生 役（エキストラ）
嵐の講道館（1958年）◉佐東正雄 役
母の旅路（1958年）◉三郎 役
おーい中村君（1958年）◉中村二郎 役
恋と花火と消火弾（1958年）◉進藤修 役
あなたと私の合言葉 さようなら、今日は（1959年）◉プロローグの社員 役
秘めたる一夜（1959年）◉和田良夫 役
薔薇の木にバラの花咲く（1959年）◉叶冬彦 役
私の選んだ人（1959年）◉山科達也 役 ※初主演作
代診日記（1959年）◉山口真吾 役
暴風圏（1959年）◉小坂 役
川向うの白い道（1959年）◉曽根 役
実は熟したり（1959年）◉高庭孝一 役
殺されたスチュワーデス 白か黒か（1959年）◉毛利信一 役
セクシー・サイン 好き好き好き（1960年）◉浜本役
女経（1960年）◉春本 役
嫌い嫌い嫌い（1960年）◉辻元和弘 役
街の噂も三十五日（1960年）◉寛新平 役
痴人の愛（1960年）◉熊谷正雄 役

足にさわった女（１９６０年）◉花輪次郎 役
轢き逃げ族（１９６０年）◉平戸充 役
女は夜化粧する（１９６１年）◉中井 役
お嬢さん（１９６１年）◉牧周太郎 役
新夫婦読本 若奥様は売れっ子（１９６１年）◉松島謙介 役
五人の突撃隊（１９６１年）◉野上俊夫 役
女の勲章（１９６１年）◉八代銀四郎 役
可愛いめんどりが歌った（１９６１年）◉関根進 役
悪名シリーズ（１９６１年－１９６８年）◉モートルの貞 役（悪名・続悪名のみ）、清次 役
悪名（１９６１年）
続悪名（１９６１年）
新悪名（１９６２年）
続新悪名（１９６２年）
第三の悪名（１９６３年）
悪名市場（１９６３年）
悪名波止場（１９６３年）
悪名一番（１９６３年）
悪名太鼓（１９６４年）
悪名幟（１９６５年）

悪名無敵（1965年）
悪名桜（1966年）
悪名一代（1967年）
悪名十八番（1968年）
お兄哥さんとお姐さん（1961年）◉石井多七郎 役
家庭の事情（1962年）◉長田吉夫 役
夢でありたい（1962年）◉素村毅一 役
女は夜霧に濡れている（1962年）◉橋本順二 役
爛（1962年）◉浅井 役
B・G物語 易入門（1962年）◉栗原信一郎 役
黒シリーズ（1962年－1965年）
黒の試走車（1962年）◉朝比奈豊 役
黒の駐車場（1963年）◉泉田敬 役
黒の爆走（1964年）◉津田拓也 役
黒の挑戦者（1964年）◉南郷次郎 役
黒の凶器（1964年）◉片柳七郎 役
黒の切り札（1964年）◉根来恭平 役
黒の超特急（1964年）◉桔梗敬一 役
真昼の罠（1962年）◉藤悟 役

その夜は忘れない（1962年）◉加宮恭介 役
女の一生（1962年）◉堤栄二 役
やくざの勲章（1962年）◉扇谷秀次郎 役
背広の忍者（1963年）◉日沼隆司 役
女系家族（1963年）◉梅村芳三郎 役
夜の配当（1963年）◉伊夫伎亮吉 役
わたしを深く埋めて（1963年）◉中部京介 役
風速七十五米（1963年）◉木谷明 役
女が愛して憎むとき（1963年）◉尾関圭介 役
犯罪作戦No．1（1963年）◉田村信一 役
「女の小箱」より 夫が見た（1964年）◉石塚健一郎 役
犬シリーズ（1964年－1967年）◉鴨井大介役、全9作品。
宿無し犬（1964年）
喧嘩犬（1964年）
ごろつき犬（1965年）
暴れ犬（1965年）
鉄砲犬（1965年）
続鉄砲犬（1966年）
野良犬（1966年）

早射ち犬（1967年）
勝負犬（1967年）
勝負は夜つけろ（1964年）◉久須見 役
十七才は一度だけ（1964年）◉特別出演
裏階段（1965年）◉木島健一 役
夜の勲章（1965年）◉榊原安太郎 役
復讐の牙（1965年）◉川上吾郎 役
スパイ（1965年）◉須川康夫 役
黒い誘惑（1965年）◉獅子内三郎 役
密告者（1965年）◉瀬川繁夫 役
復讐の切り札（1966年）◉青田新次 役
銭のとれる男（1966年）◉佐川次郎 役
複雑な彼（1966年）◉宮城譲二 役
貴様と俺（1966年）◉佃大四郎 役
脂のしたたり（1966年）◉仲田浩 役
白い巨塔（1966年）◉財前五郎 役 ※キネマ旬報ベストワン
出獄の盃（1966年）◉速水秀治 役
あの試走車を狙え（1967年）◉乾敬介 役
東京博徒（1967年）◉綾吉 役

今夜は踊ろう（1967年）◉氏家隆二 役
悪魔からの勲章（1967年）◉阿久根五郎 役
監獄への招待（1967年）◉河西義男／ヘンリー野坂 役
残侠の盃（1967年）◉島村吾郎 役
夜の縄張り（1967年）◉生沢敬 役
大悪党（1968年）◉得田仁平 役
喜劇 泥棒学校（1968年）◉多門晃 役
不信のとき（1968年）◉浅井義雄 役

独立以後

日本暗殺秘録（1969年、東映）◉藤井斉役
愛の化石（1970年、石原プロ／日活）◉原田企画部長 役
豹は走った（1970年、東宝）◉九条輝彦 役
喜劇 三億円大作戦（1971年、東宝）◉門馬直彦 役
3000キロの罠（1971年、田宮企画／東宝）◉加瀬啓介 役
追いつめる（1972年、松竹）◉志田司郎 役
剣と花（1972年、松竹）◉宮尾 役
人生劇場（1972年、松竹）◉吉良常 役
花と龍（1973年、松竹）◉栗田の銀五 役
必殺仕掛人（1973年、松竹）◉藤枝梅安 役

宮本武蔵(1973年、松竹)◉佐々木小次郎 役
華麗なる一族(1974年、芸苑社/東宝)◉美馬中 役
怒れ毒蛇 目撃者を消せ(1974年、松竹)◉小村諒平 役
流れの譜(1974年、松竹)◉広川六郎 役
球形の荒野(1975年、松竹)◉ナレーター
動脈列島(1975年、東京映画/東宝)◉滝川保 役
撃たれる前に撃て!(1976年、松竹)◉小村諒太郎 役
不毛地帯(1976年、芸苑社/東宝)◉鮫島辰三 役
イエロー・ドッグ(1977年、アカリ・プロ/松竹)◉Kimura 役

テレビドラマ篇

疑惑(1960年)
赤ひげ診療譚(1960年、フジテレビ)
東京タワーは知っている(フジテレビ)
第20回「愛の渇き」(1960年)
第24回「銀座の赤ん坊」(1961年)
うすゆき(1961年、フジテレビ)
侍(1960年-1961年、関西テレビ)
第20回「槍一筋」(1961年)

東芝土曜劇場　肩代り屋（1962年、フジテレビ）
Hawaii Five-O（1968年－1980年、アメリカCBS）
Odd Man In［2］（第4シーズン第14話、1971年）◉シバタゴロウ役
知らない同志（1972年、TBS）◉三友竜一役
金曜ドラマ 白い影（1973年、TBS）◉直江庸介役
白い滑走路（1974年、TBS）◉杉山重夫役
金曜ドラマ 樹氷（1974年、TBS）
白い地平線（1975年、TBS）◉中根竜三役
高原へいらっしゃい（1976年、TBS）◉面川清次役
白い秘密（1976年－1977年、TBS）◉三村京介役
金曜ドラマ 光る崖（1977年、TBS）◉郷原武彦役
白い荒野（1977年－1978年、TBS）◉仁科純一役
土曜劇場 白い巨塔（1978年－1979年、フジテレビ）◉財前五郎役

石田伸也

いしだ・しんや

1961年（昭和36年）10月1日、熊本県牛深市（現・天草市）生まれ。
日本ジャーナリスト専門学院出身。
86年よりライター活動を始め、「週刊アサヒ芸能」を中心に、
主に芸能ノンフィクションを執筆。
主な著書に「ちあきなおみに会いたい。」（徳間文庫）、
「素顔の健さん」「仁義なき戦い　100の金言」
「角言─田中角栄を刻む62のメッセージ」（以上、徳間書店）、
「甲斐バンド40周年　嵐の季節」（ぴあ）など。

◉この作品は徳間書店「週刊アサヒ芸能」に連載された「田宮二郎の銃弾」（平成二十年十月三十日号〜十二月二十五日号）、
「田宮二郎　未亡人の告白」（平成二十八年一月十四日号〜一月二十八日号）をもとに、大幅に加筆・修正し、再構成したものです。

田宮二郎の真相

二〇一八年十一月　九日　第一刷発行
二〇一八年十一月二十七日　第二刷発行

著者――石田伸也
編集人・発行人――阿蘇品 蔵
発行所――株式会社青志社
〒一〇七-〇〇五二　東京都港区赤坂六-二-十四　レオ赤坂ビル四階
（編集・営業）
TEL：〇三-五五七四-八五一一　FAX：〇三-五五七四-八五一二
http://www.seishisha.co.jp/

本文組版――株式会社キャップス
印刷　製本――慶昌堂印刷株式会社

ISBN 978-4-86590-073-6 C0095